中国の日系企業のニーズと
ビジネス日本語教育

余　耀

YUKENSHA

序　文

　本論文は、中国において日本語教育を行うに当たって、どのような方策を採るべきかについて、周到な手順によってまとめ上げた論考である。

　外国語を学ぶ際には、なんのために、どのようなことを、どのレベルまで習得するのかという明確な目標値があることが望ましい。しかし、実を言うと、「語学留学」などと称して日本人が外国語を学ぶために海外に赴く際には、ただ当該言語での日常的なやり取りができればよいというような漠然とした目標であることも多く、その場合には当然のことながら、なにかの目的に特化した外国語習得などというレベルには至らない。

　そのようなものとは一線を画して、本論文は、まず、日本ならびに中国における日本語教育の一般的様相を瞥見したのち、中国に進出した日本企業に対して、どのような「日本語人材」を必要としているのかをアンケート調査し、そこから、あるべき日本語教育のあり方を割り出そうとする。必要な日本語教育の方策を机上で考えるのではなく、企業のニーズを踏まえた上で考えようというのである。周到であると冒頭に記した所以である。しかも、従来であれば、大都市に進出した企業を対象とした調査になるようなところを、あえて中規模地方都市に対象を定めているところも、より多くの地域に当てはまるような一般性を求めているのであって、ここにもまた周到さと新規性が存する。そして、そこから見出された、「仕事に関するルール、ビジネスマナー」「日本文化・企業文化・日本人の考え方・慣習」「日本語能力（聞く・読む・書く・訳す）」という要求点は、現実の企業から出てきたものであるという点で貴重であり、またなにをなせばよいかという点について示唆的である。さらに、たとえば「敬語の適切な運

用」に対する要求は、採用時には低いが採用後に高くなるといったような指摘も細やかで有益である。採用後のスキルアップ研修にはどのようなメニューを用意すればよいかなどということを考える際に、大いに参考になろう。

さて、本論文は、そののち、日本国内における日本企業が求める人材を、対日本人、対留学生に分けて確認し、さらに、中国における日本語教育の現状と問題点について、ある大学の例をテストケースとしながら明らかにしている。そこに見られた、「社会ニーズ」への対応としての「新聞選読」「敬語」「ビジネス文書」及び「日本映画鑑賞」というカリキュラムに興味を覚えた。上述のアンケート結果とよく対応しているではないか。ここに至って、本論文の方向が誤りないものであることを確信するのである。

次に、本論文は、その眼目ともいうべき日本語教育の実践編、テレビドラマという媒体を教材として用いた日本語教育に関する論考群へとうつる。ここには、終章を除く本体 10 章のうち 5 章が当てられていて、まさにこれが本論文で最も強く主張したかったところであることが伝わってくる。ここでも、本論文は周到である。テレビドラマを教材とした教育の実際を述べる前に、まず、それを教材として用いた場合の功罪を考慮したのち、それを教材としたときに最初に立ち現れる問題、すなわち、著作権の問題について論じているのである。諸法令を検討したのち、結論として、「著作者の権利を不当に害することがないよう、厳格に運用する」ことがうたわれているが、これは至極まっとうなものと言え、急がずあわてずにこのような点がまず踏まえられているところに、周到であるという評価を改めて重ねたいのである。

日本でも評価の高かったテレビドラマ「半沢直樹」を教材とした日本語教育のテーマは、「敬語」「謝罪」「日本の文化、企業の文化への理解」等であって、これはさきに見た対企業アンケート結果における要求点「仕事に関するルール、ビジネスマナー」「日本文化・企業文化・日本人の考え方・慣習」「日本語能力（聞く・読む・書く・訳す）」ともよく対応する。さら

に、空欄補充のスクリプトといった工夫された日本語教育の実践方法も試みられ、その成果も示されている。そして、最後に、学習者のがわからの評価が計測されているところも周到である。いくら教育するがわが工夫を重ねたとしても、教えられるがわが不満であっては、教育効果は高まらない。そこを検証する必要がある。その結果、この方法は強いモチベーションを生じているということが分かった。しかし、ただプラスの評価を並べ立てているのではなく、マイナスの評価をも挙げて、さらなる今後の課題があることを承知しているところも、フェアで好感が持てる。

　最後に、終章では、本論文の特長を自己評価しながら、中国における日本語教育への提言と今後の課題が、簡にして要に述べられているが、すべて傾聴に値する意見と言ってよい。

　以上、本論文は、きわめて周到に、細やかに神経の行き届いた論述をかさねながら、新たな日本語教育方法を提案・実践しつつ、今後の日本語教育をも長い射程で見つめた実り豊かな論考と言うべきである。

　2017 年 7 月 8 日

日本・明治大学文学部教授　小野　正弘

中国の日系企業のニーズと
ビジネス日本語教育

【目　次】

【目　次】
Contents

序　文 iii

第1章　はじめに 1

1.1　研究の動機と目的 1

1.2　研究課題と方法 2

1.3　先行研究 3

1.4　論文の構成 5

第2章　現在の日本語教育 9

2.1　日本国内の日本語教育 9

2.2　中国における日本語教育 14

2.2.1　中国の大学における日本語教育の歴史的変遷 14

2.2.2　中国の高等教育機関における日本語人材育成モデルの現状 16

2.2.3　中国における日本語人材育成の課題 19

第3章　中国に進出した日系企業の求める人材像に関する分析 25

3.1　企業の求める人材像に関する先行研究 25

3.2　アンケート調査の概要 27

3.2.1　調査の目的 27

3.2.2　調査の対象 27

3.2.3	調査の方法	28
3.2.4	調査の内容	28
3.3	アンケート調査の結果と考察	28
3.3.1	企業が求める日本語の言語能力	31
3.3.2	在学中、採用時、入社後に望む能力	32
3.3.3	中国人社員に不足している能力	39
3.3.4	日本語人材育成についての大学への期待	40
3.4	まとめ	41
3.5	ビジネス日本語教育への示唆と今後の課題	43

第4章　日本国内における日本企業の求める人材像について … 45

4.1	大卒日本人学生に期待する能力	45
4.2	外国人留学生に対して求める能力	47
4.2.1	外国人留学生の採用基準	48
4.2.2	企業が求める日本語能力	49
4.2.3	企業の外国人留学生への要望	49
4.3	日本企業に勤めている外国人へのヒアリング	51
4.4	まとめ	53

第5章　中国における日本語専攻の教育現状と問題点 ………… 55

5.1	背景と先行研究	55
5.2	中国国家教育部が制定した「教育大綱」について	56
5.2.1	「基礎大綱」について	56
5.2.2	「高年級大綱」について	59

5.3　T大学の日本語専攻の教育現状—カリキュラムを中心に …………… 61

　　5.3.1　日本語専攻の養成目標 ……………………………………… 61

　　5.3.2　育成方案について ……………………………………………… 63

　　5.3.3　カリキュラムについて ………………………………………… 65

5.4　考察とまとめ ……………………………………………………… 73

第6章　ビジネスドラマを活用する日本語授業における　著作権問題について ……………………………………………… 77

6.1　ビジネスドラマ教材の有用性 …………………………………… 77

6.2　ドラマを教材として使用する際の著作権について ……………… 80

　　6.2.1　日本の著作権法の主な規定について ………………………… 80

　　6.2.2　中国の著作権法の主な規定について ………………………… 84

　　6.2.3　ビジネスドラマを活用する日本語授業の合法性及び　合理性について ……………………………………………… 85

第7章　ビジネス場面のコミュニケーション学習に　おけるビジネスドラマの敬語分析 ……………………… 87

7.1　背景 ………………………………………………………………… 87

7.2　ドラマ「半沢直樹」のあらすじと使用理由…………………………… 88

7.3　「半沢直樹」における敬語表現 …………………………………… 88

　　7.3.1　動詞の尊敬語・謙譲語・丁寧語の使用頻度 ……………… 89

　　7.3.2　上下関係による敬語の使用 ………………………………… 90

　　7.3.3　立場の関係による敬語の使用 ……………………………… 92

　　7.3.4　初対面による敬語の使用 …………………………………… 93

7.4　「半沢直樹」における敬語表現の特徴 ……………………………… 94

　　7.4.1　上下関係より親疎関係を優先した敬語の使用 …………… 94

目　次　xi

　　7.4.2　「話し相手側」と「話題人物」の関係による敬語の使用 ……… 95

　　7.4.3　人物の感情的・心理的状況の変化による敬語の使用………… 98

　　7.4.4　「半沢直樹」における敬語使用の特徴のまとめ ……………… 100

　7.5　まとめ………………………………………………………………… 100

第8章　日中ビジネスドラマにおける謝罪表現の対照研究 … 103

　8.1　はじめに　…………………………………………………………… 103

　8.2　先行研究　…………………………………………………………… 104

　8.3　謝罪用例の収集　…………………………………………………… 105

　8.4　謝罪表現の種類　…………………………………………………… 107

　8.5　謝罪の定型表現の使用場面………………………………………… 111

　8.6　謝罪の非定型表現におけるストラテジーの分類と使用 ………… 122

　　8.6.1　非定型表現のストラテジーの種類　……………………… 122

　　8.6.2　非定型表現のストラテジーの使用における日中の相違点 … 124

　8.7　まとめと問題点　…………………………………………………… 131

第9章　ビジネスドラマを用いた授業の試案 …………………… 133

　9.1　はじめに　…………………………………………………………… 133

　9.2　先行研究　…………………………………………………………… 133

　9.3　テレビドラマの使用による「ビジネス日本語」授業の試案……… 134

　　9.3.1　利用するテレビドラマ　…………………………………… 134

　　9.3.2　学習目標　…………………………………………………… 135

　　9.3.3　授業の実施時間と内容 ……………………………………… 135

　　9.3.4　授業の進め方………………………………………………… 136

　9.4　まとめ　……………………………………………………………… 147

第10章　ビジネスドラマを用いた授業の効果 ……………… *151*

10.1　調査の概要 ……………………………………………… *151*

10.1.1　調査の目的　………………………………………… *151*

10.1.2　調査の対象と方法　………………………………… *152*

10.1.3　調査の内容　………………………………………… *152*

10.2　結果と考察 ………………………………………………… *152*

10.2.1　ビジネスドラマを用いた授業への全般的な評価　………… *152*

10.2.2　スクリプトの空欄を埋める練習について ……………… *154*

10.2.3　学習効果について ……………………………………… *154*

10.2.4　学習者の感想について ………………………………… *158*

10.3　まとめと問題点 ………………………………………… *161*

第11章　終　章 …………………………………………………… *163*

11.1　結び ………………………………………………………… *163*

11.2　日本語人材の育成についての中国の大学への提言 ……………… *167*

11.3　今後の課題 ………………………………………………… *168*

参考文献 ……………………………………………………………… *171*

資料編 ………………………………………………………………… *181*

謝　辞 ………………………………………………………………… *189*

初出一覧 ……………………………………………………………… *190*

第1章　はじめに

1.1　研究の動機と目的

　中国の改革開放政策が実行されて 30 年経った今日、日中間の 2013 年度貿易総額が 3126 億ドルに達し、中国に進出した日本企業は累計で 3 万社を超え、中国に常駐している日本人も 13 万人を超えている[1]。世界経済のグローバル化と地域経済一体化の進展に伴って、中国に進出する日系企業も、コストダウンを狙った生産拠点から市場開拓を目的とした進出、開発機能の強化、第三国への輸出増加へと変貌しつつある。このような状況の中で中国に進出した日系企業にとっては自社のニーズに合った日本語人材の採用の可否が事業の成否につながるほど重要な課題になっている。

　こうした経済情勢の中、中国の華北平野にある産業都市の唐山市は 2000 年から日本事務所を設置し日系企業の誘致に力を入れ、現在（2013 年時点）50 社ほどの日本企業が進出している[2]。また、2006 年 3 月、「中国第 11 次 5 ヵ年計画」の国家重点プロジェクトとして唐山市曹妃甸工業区の開発が指定され、現在はインフラ整備がほぼ完成している。曹妃甸工業区には、中日両国政府の合意で「中日唐山曹妃甸エコ工業園」及び「中日唐山エココミュニティ」が設置され、今後の発展に注目が高まっている。唐山市は北京から東へ約 160km、天津から北東に約 120km に位置し、産業都市として、大首都圏の産業再配置の中心的存在である。日本との関係が益々深まっていく中で、日本語人材に対する量と質の両面からの要求

1　『日中貿易必携』日本国際貿易促進協会編 (2014)　pp.234
2　中国唐山市ホームページ http://www.e-tangshan.cn/

が高まっている。

一方、筆者の勤務する唐山師範学院を含め、従来の「日本語人材」育成のための教育は、文法・言葉遣いなどの言語教育を中心に行われ、日本語以外の知識・能力、特にビジネス遂行能力につながるような内容があまり重視されていなかった。しかし、日系企業の求める人材像は単なる通訳・翻訳といった「日本語人材」から、総合的・応用的能力を持つ「日本語ができる複合人材」へと変わりつつある。「日本語＋α」の教育体制の構築を目指す大学が現れてきているが、まだ確実に日系企業のニーズに応えられているとは言えない。

筆者は日本国内の企業及び中国現地の日系企業に勤めた経験があり、また中国唐山市の大学で日本語教育の専任講師として 5 年近く勤務していた。日系企業の立場から見て必要とされる日本語人材像を以前から探索していた。卒業生の就職した日系企業の責任者とも情報交換をして、卒業生の実態を把握し、今後の人材育成に反映するようにしてきた。その中から日系企業の「企業のニーズに合うような日本語人材が足りない」という声は良く耳にする。総じて言えば、「日本語人材」は単に日本の言葉が話せるのではなく、言語以外の知識や技能を身につけ、日本の社会・経済・企業・企業文化を理解し、ビジネス言語を活用してコミュニケーションができるビジネスパーソン像が要求されるようになってきたと思われる。

一般論だけでなく、調査研究を通じて日系企業が必要とする「日本語人材」の具体的な内容、及び「日本語人材」に求められる資質と能力を明らかにしていきたいと思う。それを踏まえて中国進出日系企業のニーズに合った「日本語人材」の育成について、具体的な教育内容を研究し、提言をすることが、本論文の目的である。

1.2　研究課題と方法

諸先行研究および筆者の現地調査を踏まえて、唐山市の日本語人材の教育と就職後の実態を検討し、日系企業の必要とする「日本語人材」の具体

像を明らかにする。さらに、唐山市に進出した日系企業の抱える「日本語人材不足」の原因も明らかにする。

そして、先行研究では中心的に扱われることが少なかった「中国進出日系企業のニーズに合った」という点に着目し、産業都市の代表——唐山市を中心とし、中国の大学における日本語教育にとって、新しい人材育成としての可能性を検討する。

最後に中国進出日系企業のニーズに応えることが中国の大学における日本語人材育成改善の有効手段であるという見通しに立って、今後の日本語人材育成の方法の一つとして「日本語人材不足の解消」及び「日本語人材育成の改善」に取り組む方法について考察する。

研究方法として、

①理論研究——論文・文献を通じて中国における日本語教育の現状及び今までの課題を把握する。

②アンケート調査——中国現地調査を行い、現地の日系企業が必要とする「日本語人材」の具体像及び「日本語人材」に求められる資質と能力を、アンケート等を通じて明らかにする。

③中国における日本語専攻の教育現状と問題点の把握——先行研究を踏まえて、中国のＴ大学を事例とし、現行のカリキュラムを取り上げ、そして現行カリキュラムはどのように「教学大綱」を反映しているか、対照しながら、日本語専攻の教育現状と問題点を把握する。

④試行検証による提案——中国の大学と連携を取り、実際の現場検証確認を通じて、日系企業のニーズに合った「日本語人材」の育成に関する改善方策を提案する。

1.3　先行研究

今までの中国の大学における日本語教育に関する研究には主に下記の方向が見られる。

1）中国における日本語教育の現状と問題点を述べる概説論

日本の国際交流基金の報告書によれば、中国の日本語教育機関総数と日本語学習者数は 1984 年時点で 217 校の 41,766 人、1993 年時点で 1,229 校の 250,334 人、2003 年時点で 936 校の 387,924 人、2012 年時点で 1800 校の 105 万人となっている。[3] 30 年間で日本語教育機関数が 8.3 倍、日本語学習者数が 25 倍に膨らんで日本語学習者数が世界一となっている。その中で全学習者の 64.9％が高等教育機関（大学）の学習者で、就職志向が強い学習動機も中国の日本語教育の特徴と言える。

また、修剛[4]（2008）「中国高等学校日語教育的現状与展望——以専業日語教学為中心」『日語学習与研究』第 5 期では学生の急増・学科の急増・研究科の急増により、教員・教育施設・書籍などが不足し、日本語の教育水準が保証できなくなるなどの問題点が指摘されている。

2）中国における大学の日本語教育授業法についての提案

宿久高[5]（2008）は中国の大学における日本語教育の発展に伴って、人材需要の変化が日本語教授法の革新を促した。学生のコミュニケーション能力を養成すると同時に、日本文化を日本語教育の中に導入すべく、中国人学習者に相応しく、特色のある教授法を作り出さなければならず、特に学生の社会とビジネス慣習に対する理解、人文的資質の養成を重視しなければならないと述べている。

3）社会向けの応用型日本語人材の育成についての研究

劉楠楠[6]（2010）は授業のカリキュラムの設定及び教育企画の調整で教学の質と実用性を高めるという方法を提唱している。

また、修（2011）は「良好な政治思想的資質、文化的資質、身体と心理的資質などを基礎に、日本語を運用して異文化コミュニケーションを行う

3　国際交流基金 2012「海外の日本語教育の現状」
4　天津外国語大学学長　中国における日本語教育の第一人者として知られ、中国全土の日本語教育界の中心的柱となって活躍している。また、中国日本語教育研究会 名誉会長、中国翻訳協会 副会長など多くの要職も兼務している。
5　吉林大学外国語学院学院長で、中国日本語教学研究会会長、教育部外国語教学指導委員会委員などの要職も兼務している。
6　青山大学法学院教師

能力、日本語＋αの能力を有する人材」の育成は大学日本語教育が目指す教育目的の重要な部分になると提唱している。

　以上で述べたように、日本語教育の一般的な課題・問題点についての研究が多いが、具体的に中国に進出している日本企業のニーズに合った「日本語人材」育成に関する研究はあまり見られない。

1.4　論文の構成

　本論文はアンケート調査を通じて日系企業が必要とする「日本語人材」の具体的な内容、及び「日本語人材」に求められる資質と能力を明らかにし、現在の日本語教育現場に存在する問題点を提示することによって、中国進出日系企業のニーズに合った「日本語人材」の育成について、具体的な教育内容、教育方法を研究する論文である。

　論文の構成は下記のとおりである。

　「第1章　はじめに」では、研究の動機と目的を示し、研究課題と研究方法を挙げる。また、これまでの中国における日本語教育に関する研究について概観し、本研究の意義を述べる。

　「第2章　現在の日本語教育」では、日本国内における日本語教育の現状を概説し、中国における日本語教育について詳しく説明する。中国における日本語教育の歴史的変遷をはじめ、日本語人材育成モデルの現状及び日本語人材育成の課題を提示する。

　「第3章　中国に進出した日系企業の求める人材像に関する分析」では、中国現地調査を行い、現地の日系企業が必要とする「日本語人材」の具体像及び「日本語人材」に求められる資質と能力を、アンケート等を通じて、1）企業が求める日本語の言語能力、2）在学中、採用時、入社後に望む能力、3）中国人社員に不足している能力、4）日本語人材育成における大

6

学への期待という四つの点について考察を加える。

　「第4章　日本国内における日本企業の求める人材像について」では、日本企業の求める人材に関する先行研究と実態調査データを参考にし、日本国内の日本企業に勤めている中国人にヒアリング調査を行い、中国に進出した日系企業の求める人材像と比較し、相違点を考察する。

　「第5章　中国における日本語専攻の教育現状と問題点」では、中国のT大学を事例とし、現行するカリキュラムを取り上げ、「教学大綱」が実際の教育現場でどのように浸透し、それに基づきどのような教育実践が行われているかを考察し、日本語専攻の教育現状と問題点を明らかにする。

　「第6章　ビジネスドラマを活用する日本語授業における著作権問題について」では、ビジネスドラマを含め、映像教材は効果的な学習リソースであることを評価しながら、映像教材を利用する際に注意しなければならない著作権問題について、法律上の関連規定を紹介する。

　「第7章　ビジネス場面のコミュニケーション学習におけるビジネスドラマの敬語分析」では、ドラマ「半沢直樹」における敬語の使用実態を考察し、ビジネス場面のコミュニケーションの実態を把握することによって、敬語表現の多様性と使用状況の複雑さを認識する。

　「第8章　日中ビジネスドラマにおける謝罪表現の対照研究」では、ビジネスドラマを利用し、「職場」という特定の場面に焦点を当て、そこで行われる日中の謝罪表現を抽出し、日中両国の謝罪表現の共通点・相違点を分析する。

　「第9章　ビジネスドラマを用いた授業の試案」では、第3章と第5章

の研究を通じて、企業のもっとも重視する「ビジネス日本語」の教育について、ドラマ教材の使用による教授方法を検討する。

「第 10 章　ビジネスドラマを用いた授業の効果」では、中国の大学の日本語学習者に対して実際にドラマ教材を導入したビジネス日本語の指導を行い、学習者にアンケートを記入してもらい、ビジネスドラマを用いたビジネス日本語授業に関する感想と意見を通じて、その効果を検証する。

「第 11 章　終章」では、本研究の成果をまとめ、今後の課題について述べる。

第 2 章　現在の日本語教育

2.1　日本国内の日本語教育

　近年、日本に在留する外国人は増加の一途を辿っており、平成 25 年
12 月末、外国人登録者数は 2,066,445 人で[7]、日本総人口の 1.6％を占め[8]
るに至っている。10 年前の平成 15 年末の 1,915,030 人と比較すると、
8％増となっている。

　さらに、日本政府は 2008 年、「留学生 30 万人計画」を発表し、「日本
を世界に開かれた国とし、人の流れを拡大していくために重要である」と
して、当時の福田総理が第 169 回国会（平成 20 年 1 月）の施政方針演説
の中で打ち出したものである。これは、日本への留学生を、2020 年までに、
当時の 14 万人から 30 万人に増やそうという計画で、大幅な拡大を目指
している。

　日本語学習者層の拡大と多様化が進み、様々な言語と文化を持つ人々が
日本人とのコミュニケーションを図るためには日本語能力が必要とされる
とともに、このような状況に適切に対応した日本語教育の展開も求められ
ている。

　文化庁文化部国語課「平成 24 年度国内の日本語教育の概要」によると、
平成 24 年 11 月 1 日現在、国内における日本語教育実施機関・施設等数
は 1,995、日本語教師数は 34,392 人、日本語学習者数は 139,613 人となっ
ている。（表 2-1 参照）

7　法務省「在留外国人統計」平成 25 年（2013 年）12 月末
8　総務省統計局　人口推計　平成 25 年（2013 年）11 月確定値　1 億 2,729 万 5 千人

表 2-1　実施機関・施設等数、日本語教師数、日本語学習者数

	機関・施設等数	教師数	学習者数
大学等機関	525	5,320	44,104
地方公共団体・教育委員会	294	4,572	15,405
国際交流協会	331	11,043	17,476
上記以外	845	13,457	62,628
合計	1,995	34,392	139,613

　平成 23 年度の調査との比較では、日本語教育実施機関・施設等数、日本語教師数、日本語学習者数のいずれも増加している。

　一方、10 年前の平成 14 年度と比較すると、日本語教育実施機関・施設等数は 1,625 から 1,995（1.2 倍）に、日本語教師数は、27,372 人から 34,392 人（1.3 倍）に、日本語学習者数は 126,350 人から 139,613 人（1.1 倍）にそれぞれ増加している。

　日本国内で日本語を学習する機関・施設は大きく分けて次の 2 つに分類され、各機関数と割合は以下のとおりである。

（1）大学等機関（大学院・大学・短期大学・高等専門学校）

　　525 機関（全体の 26.3%）

（2）一般の施設・団体・その他（民間の日本語学校・地方公共団体・教育委員会・国際交流協会など）

　　1,470 機関（全体の 73.7%）

　大学等の機関が全体の約 3 割で、圧倒的に、民間日本語学校や地域の国際交流協会などの任意団体が行っている日本語教室が多いのである。

　そして、日本語学習者数および出身国・地域から見れば、各人数と割合

は以下の通りである。

(1) アジア地域（東・東南アジア等）　112,229 人（80.4%）

(2) 南アメリカ地域　　　　　　　　　　7,540 人（5.4%）

(3) ヨーロッパ地域　　　　　　　　　　5,571 人（4.0%）

(4) 北アメリカ地域　　　　　　　　　　5,396 人（3.9%）

(5) ロシア・NIS 地域　　　　　　　　　1,288 人（0.9%）

(6) 大洋州　　　　　　　　　　　　　　　910 人（0.7%）

(7) アフリカ地域　　　　　　　　　　　　868 人（0.6%）

(8) その他　　　　　　　　　　　　　　5,811 人（4.2%）

となっており、圧倒的にアジア地域出身の学習者が多くなっている。彼らの多くは、「就学生」や「研修生」として日本語学校などで学んでいるほか、「留学生」として大学や大学院等で学んでいる人もいる。また、南アメリカ地域が 2 位に入っているのは、1990 年初めから来日し始めた日系ブラジル人・日系ペルー人の学習者が増えているためであると考えられる。さらに詳しく出身国別で見ると、

(1) 中国　　　　　　64,172 人　（46%）

(2) 韓国　　　　　　10,573 人　（7.6%）

(3) ベトナム　　　　 8,154 人　（5.8%）

(4) フィリピン　　　 5,811 人　（4.2%）

(5) ブラジル　　　　 5,690 人　（4.1%）

以下、台湾、アメリカ、タイ、インドネシア、日本、ネパールが続いている。

　上記の文化庁の調査の数字は、あくまでも調査対象となった機関・学習者に限った数字であるため、現在日本国内に居住する全外国人の現状を反映したものではないということである。

　平成 25 年 12 月末現在日本国内に居住する外国人は 2,066,445 人で[9]、

9　法務省「在留外国人統計」2013 年 12 月末確定値

国籍別上位 5 位は、

 (1)　中国（648,980 人、31.4%）

 (2)　韓国（519,737 人、25.2%）

 (3)　フィリピン（209,137 人、10.1%）

 (4)　ブラジル（181,268 人、8.8%）

 (5)　ベトナム（72,238 人、3.4%）、　となっている。

 ここからもわかるように、日本国内に居住する全外国人約206.7万人と、調査対象になった 14 万人の実態は必ずしも一致していない。文化庁の調査は、国内の現状の一側面としてとらえるにはそれなりの意味があるが、その数字に入っておらず、他の何らかの形で日本語学習をしている多くの外国人がいるという状況も理解しておく必要があると思う。また、日本語学習を必要としていても、様々な条件が整わず学習できていない人たちもいる。[10]

 以上で見てきたように、日本における日本語学習者の 46% と在日外国人の 31.4% が中国人であることは、中国人向けの日本語教育が如何に重要かを示唆していると思われる。更に図 2-1 で示す通り、1990 年代より中国人在留者が急速に伸びて、1993 年からの 20 年間で3.1 倍になっている。伸び率と絶対値両方とも一位を占めており、今後もその趨勢が続くと推測される。また、在留外国人の在留資格別を見ると、図 2-2 で示す通り、特別永住者と永住者で約半分を占めており、この人たちは日本に少なくとも十年以上勉強や仕事で生活しているので今の段階では特別に日本語の教育を受ける必要性が無かろう。留学と就学併せて 9.3% の約 192,180 人で、前述の文化庁調査の日本語学習者約 14 万人はほとんどこの中に入っていると思われる。これ以外に定住者・日本人の配偶者等・家族滞在・技術実習の在留資格所持者の中で日本語教育を必要としているが、まだそこまで行き届いていないケースが度々見られる。

10　データはすべて文化庁文化部国語課「平成 24 年度国内の日本語教育の概要」より。

第 2 章 現在の日本語教育　　13

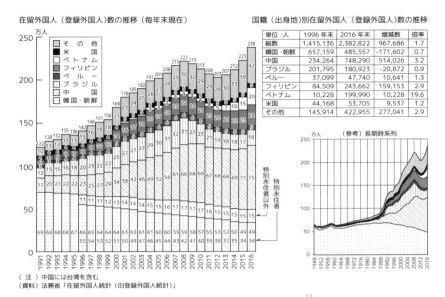

図 2-1　日本在留外国人数の推移[11]

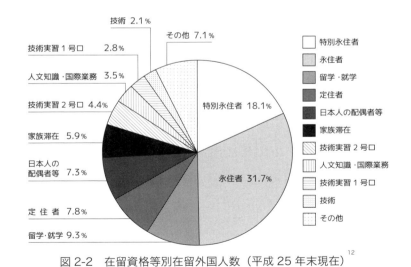

図 2-2　在留資格等別在留外国人数（平成 25 年末現在）[12]

11　社会実情データ図録　http://www2.ttcn.ne.jp/honkawa/1180.html
12　法務省公表の 2013 年末現在における在留外国人数に基づき作成。

2.2　中国における日本語教育

　日中国交正常化以降、特に改革開放して以来の30年間、中国の日本語教育は迅速な発展を遂げ、日本語専攻設置大学・学生数・教師数が空前の数値に達している。専攻の特色も様々で研究者育成のためのコースもあれば応用実践型のためのコースもある。今後の日本語人材の需要と就職状況に鑑み、如何に社会の必要としている人材を育成するかは大学に課された重要な課題である。本章では中国における日本語教育の歴史的変遷を振り返りながら日本語人材育成の現状を踏まえて、課題の提起を試みたいと思う。

2.2.1　中国の大学における日本語教育の歴史的変遷

　1）新中国成立から日中国交正常化まで（1949年～1972年）

　教育は経済及び政治と密接に関連しており、特に外国語教育の場合は尚更その影響を受ける。第二次世界大戦後、内戦を経て成立した中華人民共和国は日本との間に国交も無く、経済関係も皆無に等しい状態が23年続いた。その間、千校以上ある大学において日本語専攻を設けたのは20校も無かった。当初の設置大学は次の通りである。北京大学（1946）、洛陽外国語学院（1949）、南京国際関係学院（1951）、対外経貿大学（1954）、吉林大学（1956）、北京外国語大学（1956）、上海外国語大学（1959）、黒龍江大学（1960）、遼寧師範大学（1963）、北京師範大学（1964）、大連外国語学院（1964）、北京第二外国語学院（1964）、広東外語外貿大学（1970）、復旦大学（1971）等[13]。外交も経済関係も無い状態だったので卒業生の配属先も限られ、教育研究機関や翻訳出版部門などしか無かった。この時期は中国における日本語教育の氷河期と言える。

　2）日中国交正常化から中国改革開放開始まで（1972年～1978年）

　1972年の日中国交正常化を契機に、政治・文化・経済分野の交流が以

13　安旻　「中国における日本語教育の現状と発展」北京新東方学校　2011年　http://bj.xdf.cn/publish/portal24/tab16997/info652415.htm

前より盛んになり、日本語人材の需要も増えた。それにあわせて一部の大学で日本語専攻学部を増設して日本語人材の育成に努めた。例えば、山東大学（1972）、南開大学（1972）、アモイ大学（1972）、華東師範大学（1972）、四川大学（1973）、四川外国語学院（1973）、東北師範大学（1974）、西安外国語大学（1975）等[14]。ただし、この時期の中国はまだ文化大革命時期にあり鎖国的な方針を取っていた。日中双方のイデオロギーの違いが大きく、政治・経済面の交流はあくまでも模索段階にあったと言える。外交関係が正常化したが、経済面ではまだ政府指定の友好商社経由の貿易関係程度で企業進出が全く無い状態であった。従って、日本語人材の必要数が限られていたので日本語教育もそれほど発展していなかった。

3）中国の改革開放後（1978年〜）

1978年以降の中国は、改革開放政策に転換し、積極的に先進諸国と交流し、技術・資金・文化・市場経済理念を導入する政策を取るようになった。日本は中国に一番近い先進国で文化的なつながりも有り、且つ中国が一番必要としている先進技術と近代的な製造業を有しているので、日中両国の交流が繁栄期を迎えた。政治・経済・文化・教育などあらゆる分野で盛んに交流が行われ、特に1990年代中ごろから始まった日本企業の中国進出ブームが、日本語人材に対して量と質の両面から以前と違う角度から求められるようになり、日本語人材を育成するために日本語専攻学部を設置する大学も急速に増えた。

20世紀90年代以来、中国日本語教学研究会と日本国際交流基金は協力して、1993、1998、2003年度の三回にわたって中国日本語教育機関調査を行った。調査結果によると、中国全土にある2400校程度の大学において、日本語教育機関として日本語学科を設置した大学は93年までで80校、98年までで114校であった。ところが、2003年には250校と98年度の2倍以上にまで日本語学科の数が増えてきた。その後も調査

14　前掲　安旻　「中国における日本語教育の現状と発展」

を継続し、2006年の調査では日本語教育機関として日本語学科を設置した大学は358大学にも上り、教員数は3000人、学生数は17万人を超えた。[15] また日本の国際交流基金の報告書によれば、中国の日本語教育機関総数と日本語学習者数は2012年時点で1800校の105万人となっている。30年間で日本語教育機関数が8.3倍、日本語学習者数が25倍に膨らんで日本語学習者数が世界一となっている。その中で全学習者の64.9%が高等教育機関（大学）の学習者で、[16] 就職志向が強い学習動機も中国の日本語教育の特徴と言える。

2.2.2　中国の高等教育機関における日本語人材育成モデルの現状

　1980年以降の30年間、3回ほど日本企業の進出ブームが起きた。最初は未知の中国への調査と言う意味で合弁企業形態[17]での進出が多く、外向型製造企業[18]が多かった。2000年のWTO加盟による法規制の緩和に伴い独資進出[19]が増え、中国市場を開拓するための進出が多くなり、更に商社・金融業・物流などの第三次産業も中国に進出した。従って日本語人材に対する要求も決して一様ではない。また時期によっても変化する。大学の日本語教育もその需要の変化と多様化に合わせて、日本語人材の育成モデルの面において探索と改革を行ってきた。現在の大学の日本語専攻では、おおむね以下の人材育成モデルに分類できると思われる。

　1）言語文学専門型モデル

　この育成モデルは日本の言語・文学・文化を主な教育内容とする。中国の日本語教育において一番歴史が長く、伝統的なモデルである。北京大学のような名門総合大学の日本語学部は大抵このモデルを継承してい

15　宿久高　「中国における日本語教育と課題」『2006清華大学日本言語文化国際フォーラム論文集』pp.1

16　国際交流基金「海外の日本語教育の現状」2012年

17　中国進出の形態は「合弁」、「合作」、「独資」の三つの形態があり、総称して「三資企業」と呼ばれている。

18　中国では、輸出製造業を柱とする企業のことを指す。

19　外国企業が単独で、または外国企業のみ複数で100%出資した中国企業のことを指す。

る。日本の言語・文学・文化の理論から実践までの教育を通してこの分野の専門家を育成する。教育実践において、日本語学部4年間の中の1年を交換留学生として日本で勉強させる制度もある。日本での学習と生活を通じて日本社会と文化を理解させるのは効果的であり、言語の造詣の向上につながる。実際に、言語の学習はあるレベルまで達した後は、一番の支障が言語そのものではなく、言語の運用と異文化に対する理解の深さにかかわってくる。このような交換留学制度は学生の言語運用によるコミュニケーション能力の向上に大いに役立つと考えられる。ただし、費用や日本側の受け入れ枠の制限でどこまでこのようなチャンスに恵まれるかが課題である。

2) 言語と関連実用科目の複合型モデル

　日系企業が中国に進出した時、最初は本社から各重要ポジションの人を派遣して、会社の組織を構成させるが、日本からの出向者の任期満了交替（大体3–5年交替）による仕事継続性の欠如と高額人件費負担を考慮し、徐々に現地人材を登用し、日本人出向者を減らしていくのが一般的である。更に、中国現地社員を日本に転勤させ、本社で仕事を通じて教育訓練し本社の考え方と仕事の仕組みを理解させた上で現地会社の幹部として戻すパターンもある。また、中国の大学の理系新卒を日本本社で採用し、技術開発や生産技術の経験をさせて将来の中国戦略の人材備蓄戦略をとる企業も少なくない。松下電器（中国）有限公司（日本パナソニックの子会社）は2003年早々に中国で採用センターを設置し、中国人材の採用と育成に取り組んできた。幹部の現地化方針を明確にし、現地幹部を本社取締役に取り入れる目標まで掲げた。[20]

　このような背景・状況を考えると、日本語ができるビジネスマン・技術者・管理者・経営者という企業の要望にどう応えるかは大学の課題でもある。日本の言語文学を主とした専門型よりも、日本語も話し、日本のビジ

20　小林誠『中国で売る　中国進出企業の経営ノウハウ』蒼蒼社 2008 年　pp.242

ネス習慣も理解し、企業が必要とする関連専門知識も兼ねたいわゆる複合型人材が歓迎されるわけである。日本語専攻の学生にとっても日本語を身につけると同時に、如何に総合的な資質を高めるかは、就職ないし将来へのキャリア設計のためにも非常に重要な課題である。

　この複合型人材モデルは、日本語によるコミュニケーション能力を要求すると同時に、その他専門知識・理論・技能も要求される。カリキュラムの設置に関して、日本語関連科目以外に、対外貿易、経営・経済・法律、金融、広報、国際政治、コンピューター等の科目を設置するのが多い。例えば北京郵電大学の日本語学部では日本語と通信コンピューター技術の複合型人材育成のカリキュラムを設置している[21]。

　3）ダブル外国語モデル

　英語と比べると、日本語は相対的に使用範囲が狭くなり、日本語だけでは、仕事場でその不足が現れてくることがある。日系企業でも中国から世界を相手にビジネスを展開するので英語もできると役立つ場面が多い。日本語専攻の学生が同時に英語もマスターしたいと希望する人も多く、日本語と英語というダブル外国語を通じて更に世界を知り、自分の広い世界を作りたいと考えるためである。そのため、ダブル外国語育成モデルが誕生したわけである。このモデルは日本語を主に、英語を従にするのが一般的である。主要な履修科目の日本語は専門８級レベル[22]に、英語は専門４級レベルに達しなければならない。このモデルは近年一部の大学で試しているが、一定の効果が認められている。上記の北京郵電大学の日本語学部で英語も補修科目としている。日英以外に、日韓ダブル言語専攻もある[23]。

　4）言語プラス技能型モデル

21　中国 SOHU 大学データーバンク http://daxue.learning.sohu.com/p/college/12/1404/majorintro.html

22　「大学専攻日語四級考試、八級考試」―大学の日本語専攻学科の学生対象。四級試験は大学 2 年次修了時に受験。八級試験は大学 4 年次修了前に受験。四級、八級試験とも、現在 6 月に実施されている。

23　修剛　「中国大学日本語教育の現状と展望」『日本語の学習と研究』2008 年第 5 期 pp.3

第2章　現在の日本語教育　　19

　一般の日本語専攻学生の供給が過剰気味である一方で、日系企業から「日本語ができて企業が必要とする人材が少ない」という矛盾のように見える現象が存在する。企業の場合、言語を理解するだけでは不十分で、企業の目的を実現するために様々な職場があり、その職場の仕事を遂行できる専攻の知識も要求されるわけである。これに対応するのが、言語プラス技能型モデルである。

　実用関連科目複合型モデルと比べると、その特徴は技能専攻をプラスするところにある。日本語を主として勉強するが、同時に別の専攻科目を一つ取り入れて、標準在校時間を延長して、卒業する時点で日本語と同時にもう一つの技能専攻も大学卒業レベルに到達できる。例えば、日本語＋会計学・日本語＋ソフトウエア・日本語＋貿易・日本語＋法律・日本語＋機械・電子など、このモデルはまだ卒業生が少ないが日系企業にとって非常に人気である。例えば、大連理工大学では機械設計＋日本語専攻を設置し、機械技術と日本語能力両方を兼ねた高級人材の育成に努めている。[24]

　以上見てきた通り、現在社会における日本語人材に対する要求は、もはや単一的な言語人材ではなく、実用的・複合的・技能兼有型などそれぞれの需要も多様化していると言える。日本語人材を育成する教育機関としてはそれにあわせて教育の改革をしなければならない。しかし、改革には必ずいろいろ新しい課題が伴うことになる。

2.2.3　中国における日本語人材育成の課題

　中国の日本語教育は改革開放後の 30 年で急速な発展を遂げたが、その反面、様々な課題も潜んでいる。

　1）教師陣の資質の問題

　1990 年代中ごろから日系企業の中国進出が急速に伸びて、年間 3000

24　大連理工大学ホームページ http://sme.dlut.edu.cn/institutes/docfile

件ほどの企業進出が決定され、この状況が15年以上続いた[25]。一つの企業で複数の日本語人材を必要とする。しかも即戦力を求める場合が多い。その結果、日本語人材の不足が目立ち、社会の要望に応えるために、大学の日本語専攻の数量と学生数が急速に増えた。しかし既存の教師陣ではとても間に合わなくなり、教師の数を急速に増やした結果、教師陣の質が下がるのも避けられない情況が生じた。日本語教師の供給不足もあり、日本語専攻の大学新卒を教員に招聘するケースも少なくない。日本語教育の経験も無く、理論的基礎も浅いので、当然学生の成績と実践能力にも影響が出てくる。人材の量産と人材の質の保証との矛盾が現れてきた。毎年行われている専門4級と専門8級のテストの成績を見ると、受験生の半分ほどが合格できない大学もあるのが現状である。

  2）複合人材育成の課題

  また、人材市場の要求に応じて関連科目複合型またはプラス専攻科目型の複合人材育成方式も誕生したが、日本語教師の資質に限界があり、ビジネス経験も無く、なかなか複合人材育成に必要なカリキュラムの実現が難しい。学部以外の専攻の教師を取り入れる対策もあるが、別の課題が伴う。つまり「他の学部の教師が日本語学部の複合人材育成の特徴と要求を把握しきれず、日本語学部の学生の要求に合うような授業ができない問題があり、他学部の兼務教師の意欲・責任感の課題も残る」[26]。更に複合型を追求するために、実務志向の講義を多く開設するが、実用講義の増設により、授業時間の制限で日本語の主幹講義が大幅に減らされ、日本語専攻としての基礎能力が弱められてしまう傾向もある。つまり複合人材を育成するつもりであったが、逆に本来の日本語教育もおろそかにされてしまい、どちらも使い物にならない中途半端な結果になってしまう危険性がある。

  3）伝統的な教育内容の問題点と清華大学の改善取り組み

25　日本国際貿易促進協会編　『日中貿易必携』2010年　pp.17
26　林玥秀「大学日本語教育に存在する課題と対策分析」『理論界』2011年12期　pp.187

a. 張威（2006）氏の分析[27]によると、伝統的な日本語教育に見られる主要問題点は以下のとおりである。

① 語学の形式と技能的な訓練が重視されているが、一般知識の学習は重んじられていない。

② 日本語学習項目の指導は比較的行き届いているが、日本社会や日本人に関する知識や理解が足りない。

③ 暗誦能力と記憶能力は優れているが、応用能力と独創性が不十分。

④ 仕事に必要なマナーと心構えが足りない。

⑤ 物事を考えて処理するための総合的な能力が足りない。

⑥ 英語能力が低い。

b. 清華大学日本語学科の改善取り組み経験も以下のとおり紹介された。

① 三本柱の養成目標：清華大学日本語学科は人材養成において「小規模・高レベル・応用的・複合型」という位置づけを確立し、「①抜群的日本語能力、②優れた英語のコミュニケーション能力、③現代社会の需要に応えられる程度のパソコン知識と操作実技」の三拍子を揃えた人材養成の基準を定めている。

② 日本語科目では基礎課程を重視し、日本語スピーチコンテストを利用して特訓をかけて、一年生の段階から日本語の発音、リズム感覚、感情の表し方、みんなの前で話す時の基本を叩き込む。

③ 視聴覚授業の役割を見直し、充実していくことを重視する。

④ 高学年の授業を工夫し、科学技術と日本語教育と有機的な結びつきを試みる。

---

27 張威 「新しい時代に求められる日本語教育と人材養成の目標」『2006清華大学日本言語文化国際フォーラム論文集』pp.41

⑤　課外活動は正規の授業と平行して、人材養成の一環として重視されるべき。

⑥　1年生から4年生まで、大勢の人の前で何かを発表したり、自分の意見を述べたり、PPTを使用して何かを説明するようなことをしっかり練習させておく。

⑦　有名人の特別講演や学術講演も学生の視野を広げるのに有効な手段である。

⑧　一流の日本語教育は学術研究と切り離しては成り立たない。教育と研究の両立が大事である。

　以上のような伝統的な教育内容の問題点を指摘し、改善取り組みを行っている先行研究がある。

　4）結び

　中国大学の日本語専攻は今後二つの方向に発展していくと見られる。一つは学術性への回帰、つまり言語能力を身につけると同時に日本文化・言語学理論・日本文学等に関する学術的な能力を高め、学生の日本に関する学習意欲を育成する。名門総合大学の日本語専攻はこの傾向が強く、修士・博士の育成数も増えている。もう一つの方向は現実性への回帰、つまり学生の卒業後の就職志向を十分調査した上でそれに合わせた教育を行うことである。学生の実践運用能力を高め、ビジネス関連知識やインターン重視など教育の内容から形式まで就職後の実践を目的とした育成を徹底する。しかしどの方向にせよ、日本語の基礎をしっかり固めないと高いレベルで次の方向に行けないことは自明のことである。即ち日本語＋αはαが学術性にしても実用型にしても日本語という基礎がないと目的が実現できない。最初の二年間で日本語の基礎を固め、後の二年で能力アップと知識の拡張を求める方式が妥当かと思われる[28]。理系専攻をプラス内容にする場合はおそらく4年間では足りず、在学年数を延長した方が人材の質を保証

28　修剛　「転換期にある中国大学日本語教育に関する幾つかの思考」『日本語学習と研究』2011年第四期　pp.4

する面で有利である。

　大学の日本語人材育成は全体的に言えば、日本語を教育する面においては共通の部分はあるが、地域の違い・大学の違い・学生属性の違い及び卒業後の進路により、人材の育成目標も変わる。如何に社会のニーズにあわせ、それぞれの大学で如何に地域に根差した実現可能な日本語人材育成体制を構築するかは、まだまだいろいろな課題があるが、探索を継続していく必要があると思う。

第3章 中国に進出した日系企業の求める 人材像に関する分析

3.1 企業の求める人材像に関する先行研究

　日本国内での研究は、日本企業が期待する外国人「人財」[29]の能力を分析した山本ほか(2004)、日本経団連教育問題委員会が行った調査(2004)などがある。

　前者は、日本企業が期待する外国人「人財」の能力について、公開されている外国人社員、企業に対するヒアリングやアンケート調査の結果を日本語教育の観点から分析し、検討している。その結果、日本企業は、大学卒・大学院卒、理系・文系、業種・職種を問わず、「高度な幅広い日本語能力」と「日本社会一般に関する理解力」、「社会人基礎力」を期待していることが分かり、日本人学生に期待する能力と変わらないことが確認されたと述べている。後者は、産業界が求める人材像についてアンケート調査を行い、調査の結果を基に、新卒学生の採用にあたり企業がどのような点を採否の判断材料としているか、また、最近の学生をどのように評価し、教育面で大学に対しどのような期待を持っているかを分析したものである。

　海外での研究は、日系企業が現地社員に求める「ビジネス日本語」の実態を論じた野元（2007）、企業の社員が求めるビジネス日本語を調査した孫(2013)、アジア5都市の日系企業におけるビジネス日本語のニーズを考察した島田・澁川（1999）などがある。

　野元（2007）はジェトロが2005年8月に行った「ジェトロテストに対する大連の日系企業の声」という聞き取り調査報告の分析を行った上で、

29　日本国内で登記されている企業のことを指す。

仕事現場で求められている各総合能力を「仕事能力」と呼び、「仕事能力」に「見える部分・見え隠れする部分・見えない部分」があるという仮説を立て、さらに、それを言語的能力、社会言語的能力、社会文化的能力に分け、それぞれ記述している。

　孫（2013）は、アンケート調査とフォローアップインタビュー調査を行い、企業側からの視点ではなく、企業（中国における現地企業、日系企業、ほかの外資企業）で働いている中国人社員が就職経験と、そこで得た教訓に基づき、社員の自己内省の面から、ビジネス日本語に求められるものは何かについて、①会社の業務範囲と中国人社員が担当する仕事、②日本語に対する認識、③日本人との接触、④足りないところという四つの内容を考察し分析している。

　島田・澁川（1999）は、アジア5都市（ソウル、大連、クアラルンプール、香港、バンコク）の日系企業におけるビジネス日本語のニーズを明らかにすることを目的としたものであるが、現地社員がどのような場面で日本語を使用しているかについても、具体的なアンケート調査が行われている。中国における日系企業の日本語ニーズに関して、今までの研究を見てみると、ほとんど大連、上海、香港という大都市を前提に研究されている。数の面でも絶対的に大多数を占める地方都市を対象にした研究があまり見られない。一方、進出企業の業種の特徴から見ると、金融業・商社・サービス業等の第三次産業は主に大都市に集中しているが、製造業の大半は中規模の地方都市に進出している。また進出企業の内訳比率で言えば製造業が全体の77％ほどを占めている。[30]そこで、本稿では、代表的な産業都市である唐山市を対象として調査を行った。唐山市を中心に研究することは日系企業の製造業に役立ち、大多数の中規模地方都市に適用されると言える。

30　2013年11月国際協力銀行業務企画室調査課による「わが国製造業企業の海外事業展開に関する調査報告－2013年度海外直接投資アンケート結果（第25回）－」

3.2 アンケート調査の概要

3.2.1 調査の目的
唐山市に進出している日系企業が日本語人材に対して求めるニーズを把握し、下記4点について明らかにすることを目的とする。
1) 企業が求める日本語の言語能力
2) 在学中、採用時、入社後に望む能力
3) 中国人社員に不足している能力
4) 日本語人材育成についての大学への期待

3.2.2 調査の対象
・唐山市にある日系企業　26社
・回答数　25社(回答率96％)業種別の回答数は図3-1のとおりである。
・回答者　各日系企業の日本人責任者、または日本人管理者。

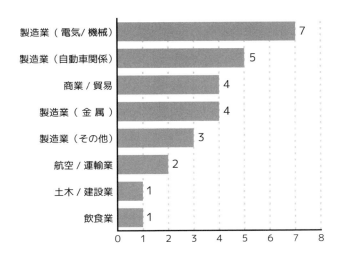

図3-1　有効回答数

3.2.3 調査の方法

・唐山市日本事務所へ調査票を送付し、日系企業への調査票配布と回収を依頼した。配布と回収方法は全てEメールで行った。不明な点については電話でフォローアップインタビューを行った。調査票の回答者について、各日系企業の日本人責任者、または日本人管理者に依頼したため、調査票は日本語によるものを使用した。

・実施期間

　2014年7月25日から8月15日まで

3.2.4 調査の内容

アンケート全体を通して、1) 企業が求める日本語の言語能力、2) 在学中、採用時、入社後に望む能力、3) 中国人社員に不足している能力、4) 日本語人材育成についての大学への期待という四つの内容が明らかになるように問いを設定した。アンケートは選択式質問と質問に対する自由記述の組み合わせである。

選択式質問は、会社の業務範囲、在学中の習得が望ましい知識や体験、入社時の日本語言語能力、個人的な資質、不足しがちな理解・知識などに関する問いである。自由記述は、人材育成についての大学への期待、不足点、アンケートの項目以外で、求める能力や資質についての問いである。

3.3 アンケート調査の結果と考察

本調査に協力した唐山市の日系企業25社のうち、3社に2社は中国人の日本語人材に「満足」し、3社に1社は「あまり満足していない」。「非常に満足」、「全く満足していない」日系企業はゼロである。この事実を踏まえると、日本語人材に対して日系企業は一定の評価をしている一方で、企業のパフォーマンスをより良くするために要求したい点も多々存在していることを本調査は示唆している。

回答に協力した日系企業現地法人において、日本人従業員と日本語がで

第3章　中国に進出した日系企業の求める人材像に関する分析　　29

表 3-1　日本人従業員数と日本語ができる中国人従業員数

全体	回答に協力した日系企業の従業員総数			
	５０人未満	５０〜１９９人	２００〜４９９人	５００人以上
日系企業 (計 25 社)	10 社	5 社	4 社	6 社
日本人従業員数	0 人 (1 社) 1 〜 10 人 (9 社)	0 人 (1 社) 1 〜 10 人 (4 社)	1 〜 10 人 (3 社) 11 〜 20 人 (1 社)	1 〜 10 人 (3 社) 11 〜 20 人 (2 社) 81 人以上 (1 社)
日本語ができる中国人従業員数	0 人 (2 社)[31] 1 〜 10 人 (8 社)	1 〜 10 人 (4 社) 21 〜 30 人 (1 社)	1 〜 10 人 (3 社) 21 〜 30 人 (1 社)	1 〜 10 人 (1 社) 11 〜 20 人 (1 社) 31 〜 50 人 (2 社) 51 〜 80 人 (1 社) 81 人以上 (1 社)

きる中国人従業員の数及び中国人従業員の業務内容を上記表 3-1 のように
示している。

　アンケートでは、日本語ができる中国人従業員の業務内容に関して問い
を設けた。回答から見ると、通訳・翻訳をしながら、ほかの業務を兼務し
ていることが多いということが分かった。特に社員数が 200 人未満の中
小企業において、専任通訳・翻訳者はほとんどおらず、ほかの業務を兼務
させている（次ページ表 3-2 参照）。

　また、兼務している業務の内容について、次ページの図 3-2 に示した通
りである。

31　日本語のできる中国人社員が辞めたため、アンケートの時点で日本語ができる中国人がいない。

表 3-2　通訳・翻訳の業務担当者の専任・兼務の内訳

全体	回答に協力した日系企業の従業員総数			
	50人未満	50～199人	200～499人	500人以上
日系企業 (計25社)	10社	5社	4社	6社
専任通訳・翻訳に携わる中国人従業員	0人 (10社)	0人 (4社) 1～10人 (1社)	0人 (1社) 1～10人 (3社)	0人 (2社) 1～10人 (1社) 11～20人 (3社)
他の業務を兼任する中国人従業員	0人 (2社) 1～10人 (8社)	1～10人 (4社) 11～20人 (1社)	0人 (1社) 1～10人 (2社) 21～30人 (1社)	1～10人 (2社) 11～20人 (1社) 31～50人 (2社) 81人以上 (1社)

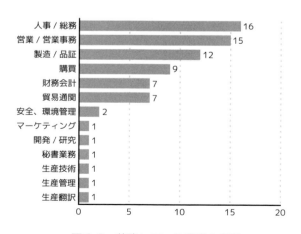

図 3-2　兼務している業務の内容

3.3.1 企業が求める日本語の言語能力

　日系企業の日本人従業員と中国人従業員とのコミュニケーションで使用する言語について、図 3-3 に示したとおり、今回のアンケート調査対象の中で、中国語と日本語の両方を使用する企業は 10 社、主に日本語を使用する企業は 9 社、主に中国語を使用する企業は 3 社、中国語・日本語・英語の全てを使用する企業は 3 社である。コミュニケーションの 2 大パターンは「中国語と日本語の両方」、と「主に日本語」であり、当然のことながら、日本語の使用は頻繁である。そして、中国人従業員に対して日本語のビジネスレベルを期待する職場が主流である。日本語能力試験 N1 合格か否かを重視する企業は 15 社もある。[32]

　アンケートでは、企業側に対し「入社時の日本語に関する様々な能力について、それぞれどの程度必要としていますか」と問い、それぞれのスキルの重視度をチェックしてもらった。結果を示すと、以下のようになる（次ページ図 3-4 参照）。[33]

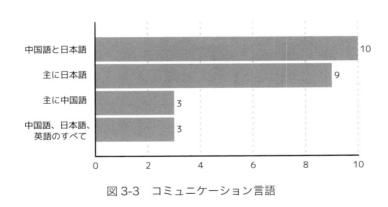

図 3-3　コミュニケーション言語

32　アンケートの第 11 問「貴社は日本語人材を採用する際に、どのような点を重視していますか」に対して、「日本語 1 級（N1）合格」の選択肢を選んだ企業は 15 社であった。図 3-7 参照。
33　4 段階評価を点数化し、平均値を算出。①必要ない（1 点）②あまり重視しない（2 点）③重視するが必須ではない（3 点）④必須である（4 点）

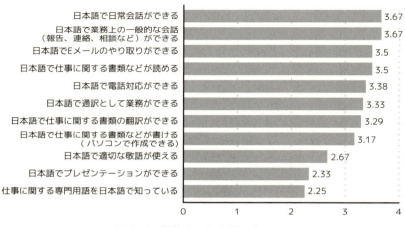

図 3-4　期待する日本語スキル

　入社時の日本語レベルとして日系企業は多岐にわたるスキルを期待している。日常会話、「報・連・相」[34]はもちろんのこと、通訳、電話対応、書類翻訳、書類作成までが相対的に重要度が高く、プレゼンテーション、敬語や専門用語の重要度は相対的に低い。

3.3.2　在学中、採用時、入社後に望む能力

1）在学中に習得してもらいたいこと

　アンケートでは、「被採用者に在学中にどのようなことを学んでおいてもらいたいですか」に関しては、「ビジネス日本語」「日本の文化・社会に関する一般教養知識」「日本の企業文化・商習慣」「専門知識・技術」「ビジネスマナー」「日本企業を含む業界知識」「インターンシップなどの擬似就業体験」「日本語以外の語学」「その他」の選択肢を挙げた。それぞれ複数回答より選んでもらった。「その他」の選択肢を選んだ企業は自由記述

34　「報告」「連絡」「相談」を分かりやすく「報・連・相」と掛けた略語。主としてビジネス（職場）において使われる。

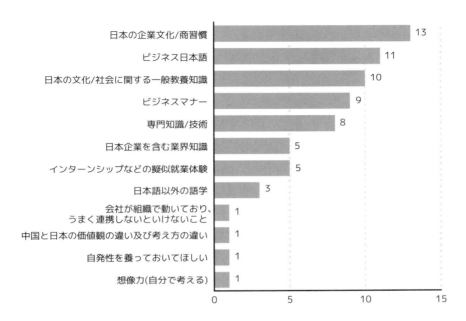

図 3-5　在学中の習得が望ましいと日系企業が考える分野

で内容の追加を記入している。その結果、以下のことが分かった（上記図3-5 参照）。

　図 3-5 から分かるように、在学中の習得が望ましいと日系企業が考える上位 3 分野は「日本の企業文化・商習慣」（13 社）、「ビジネス日本語」（11 社）、「日本の文化・社会に関する一般教養知識」（10 社）であり、ビジネスマナー、専門知識、業界知識やインターンなどの分野を上回る。専門知識、業界知識やインターンシップなどは実際に採用した後に把握できる知識、能力であり、在学中の習得に関わらない分野であるためと推測できる。

　「その他」選択肢を選んだ企業の自由記述を見てみると、「会社が組織で動いており、うまく連携しないといけないこと」、「中国と日本の価値観の違い及び考え方の違い」、「自発性を養っておいてほしい」、「想像力（自分で考える）」がある。これらは、言語能力ではなく、言語以外の能力である。

すなわち、チームワーク能力、異文化理解、個人資質である。そのうち、チームワーク能力は上記の第1位の「日本の企業文化・商習慣」に含まれ、異文化理解は上位3位に入る「日本の文化・社会に関する一般教養知識」でも分かるようになるものと考えられる。

2) 採用時に重視すること

アンケートでは、採用時に重視することについて、3問を設けた。

① 「10問　貴社は日本語人材を採用する際に、応募者の専攻が募集している職種と合っているかどうかについて、どの程度重視していますか。」に関しては、「非常に重視する」「やや重視する」「あまり重視しない」「全く重視しない」「どちらともいえない」の選択肢を挙げた。結果として、「非常に重視」している企業は3社、「全く重視しない」企業も3社、どちらも少数派である。「やや重視する」企業が主流派であり、11社になっている。その次は「あまり重視しない」（6社）となっていることが分かった（図3-6参照）。

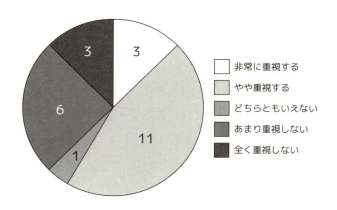

図3-6　専攻と職種とがあっているかについての重視度

第 3 章　中国に進出した日系企業の求める人材像に関する分析　　35

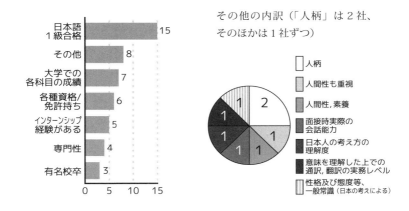

図 3-7　採用の際に重視する点

② 「11 問　貴社は日本語人材を採用する際に、どのような点を重視していますか。」に関しては、「日本語 1 級（N1）合格」「有名校卒」「大学での各科目の成績」「各種資格・免許を持っている（運転免許、会計資格、パソコン資格など）」「インターンシップ経験がある」「専門性」「その他」の選択肢を挙げた。それぞれ複数回答より選んでもらった。「その他」の選択肢を選んだ企業は自由記述で内容の追加を記入している。その結果、日本語人材を採用する際に、日本語 1 級 (N1) 合格を重視する日系企業は過半数であり (15 社)、大学での成績や各種資格を大幅に上回ることが分かった（上記図 3-7 参照）。日本語能力試験 N1 に合格できているかどうかは企業採用時に一番大きな診断尺度と言えるのであろう。

③ 「12 問　貴社が求める個人の資質として重視するものを三つを選び、重視する順に（ ）に順位（1、2、3）をご記入ください。」に関しては、選択肢を 17 挙げ、その中の重視するものを三つを選び、重視する順位を記入してもらった。「その他」の選択肢を選んだ企

業は自由記述で内容の追加を記入している。その結果について、3段階評価を点数化し、平均値を算出した（下記図3-8参照）。

図3-8から分かるように、日系企業が最も重視する個人的資質として、日本語能力以外には責任感が第1位であり、積極性やその他の資質を上回る。

まとめてみると、日系企業は採用する際に、まず応募者の日本語能力を見る。日本語能力試験N1に合格しているかどうかは重視されており、その次は責任感を有することを要求されているのが分かった。日本語の言語能力のレベルについて、前節（3.1）にも触れたように、日系企業は多岐にわたるスキルを期待している。日常会話、報・連・相はもちろんのこと、通訳、電話対応、書類翻訳、書類作成までが相対的に重要度が高く、プレゼンテーション、敬語や専門用語の重要度は

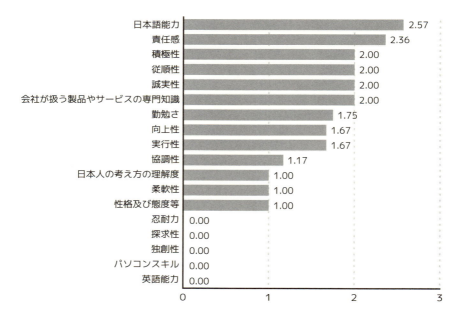

図3-8　日系企業が最も重視する個人的資質

相対的に低い。日本語の言語能力では、「専門用語」の重要度は相対的に低いのに対して、個人的資質では、「会社が扱う製品やサービスの専門知識」の重視度は比較的に高い。

　この結果から見ると、採用時に会社の製品やサービスに関連する知識に対して、日本語で表現したり、訳したりすることを要求しないが、会社が扱う製品やサービスの専門知識をある程度理解していることを望んでいる。

3）入社後に望むこと

　アンケートでは、入社後に望むことについて、2問を設けた。

①「13問　貴社が新卒日本語学生に期待する能力について、下記の選択肢の□に✓でチェックしてください」に関しては、選択肢を9挙げ、それぞれ複数回答より選んでもらった。「その他」の選択肢を選んだ企業は自由記述で内容の追加を記入している。結果としては、採用直後に会社が期待する能力の上位3分野は「話す」能力と通訳・翻訳ができるくらいの情報伝達力、「書く」能力である。その次は「場面や雰囲気に応じた会話・コミュニケーション力」となっている（図3-9参照）。

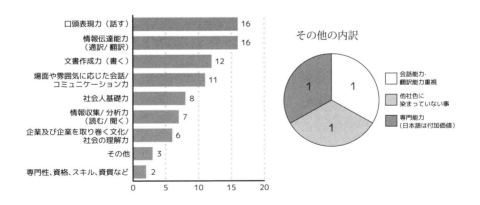

図3-9　新卒日本語学生に期待する能力

② 「18問　新規採用した日本語人材は、どのような資質を有する場合に、順調に速やかに仕事に慣れると思いますか」に関しては、「インターンシップ経験がある」「中国の大学の学生幹部など経験者で管理能力を持っている」「ビジネス日本語のレベルが高い」「日系企業文化を理解している」「異文化コミュニケーション力が高い」「日本人の考え方を理解している」の選択肢を挙げた。その中で重視するものを三つ選び、重視する順位を記入してもらった。その結果について、3段階評価を点数化し、平均値を算出した（図3-10参照）。

　図3-10から分かるように、新規採用した日本語人材が、日本人の考え方を理解したり、上級ビジネス日本語のスキルや日系企業文化の理解などの資質を有することが、相対的に順調に速やかに仕事に慣れるのに有効であると日系企業は考えている。管理能力、異文化、インターンシップの重視度は相対的に低い。

　まとめてみると、日系企業が採用した日本語人材に対して入社後に望むことは、まず、「話す」・「訳す」・「書く」という3つの基本的な能力であり、仕事上で必須の条件とも言える。さらに順調に速やかに仕

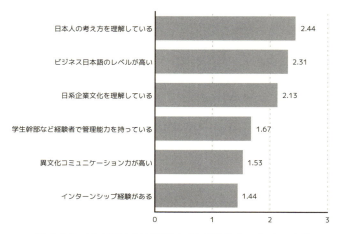

図3-10　日本語人材が業務に早く習熟するための条件

事に慣れるため、日本人の考え方を理解したり、上級ビジネス日本語のスキルや日系企業文化の理解などの資質を有することが望まれている。

3.3.3　中国人社員に不足している能力

　採用した日本語人材に対して、日系企業はどのような「不満足点」を持っているか、中国人社員に不足しているところは何なのかを探るために、自由記述と選択肢回答により答えてもらった。結果を言語面と非言語面に分けてまとめた（表3-3）。

表 3-3　中国人社員に不足している能力【単位：件(%)】

言語面		非言語面	
日本語の理解力が足りない	8 (11)	「報・連・相」意識が薄い	9 (12)
敬語がうまく使えない	8 (11)	社会人基礎力が足りない	8 (11)
仕事上で使う日本語の文法が正しくない	8 (11)	日本企業文化への理解が足りない	6 (8)
口頭表現力が足りない	7 (10)	ビジネスマナーが正しくない	4 (5)
文書作成能力が足りない	4 (5)	チームワーク力が低い	3 (4)
聞く能力、会話能力が弱い	1 (1)	日本の歴史・文化・社会に対する理解が足りない	2 (3)
日本語Ｎ１を持っていても実際のレベルが高くない	1 (1)	自発性に欠ける	1 (1)
中国語で表現されている内容を理解せず、日本語を理解しようとしている	1 (1)	専門能力がない	1 (1)
		自分自身の能力を客観的に評価し改善しようとする姿勢がない	1 (1)
計	38(51)	計	35(49)

40

　表 3-3 から分かるように、「中国人社員に不足している能力」について、言語面では「日本語の理解力が足りない」「敬語がうまく使えない」「仕事上で使う日本語の文法が正しくない」、非言語面では「「報・連・相」意識が薄い」「社会人基礎力が足りない」「日本企業文化への理解が足りない」が多く挙げられている。中国人の日本語人材に不足している点は広範囲に及び、「報・連・相」意識の薄さ、日本語の理解力不足、敬語の問題、社会人基礎力不足が上位を占めている。その他にもマナーやチームワークも含めた社会性不足、日本文化・日本企業文化等の理解不足も含まれる。

　今回の調査の結果から、言語運用能力の問題だけではなく、言語以外の知識や能力も求められ、問題として目立っている。企業が重視している日本語能力と社会人としてのスキルについては、企業の中国人社員に対する評価が低いことが確認された。

3.3.4　日本語人材育成についての大学への期待

　日本語の教育機関に望むことについては、日本語の教育はもちろん、日本に関する文化や考え方など勤務上に関する役に立つ能力を望むことが多い。日系企業が期待するものを大学で全て教えるのは困難であるが、これを明らかにすることはビジネス日本語教育に携わる人にとって参考になると思われる。

　「もっとこのようなことを学生に教えてほしい」とするものについては、日本の社会、日本人の考え方、商慣習から異文化コミュニケーションまで広範囲にわたる知識が挙げられている。また、正式な会議での通訳の模擬訓練や同時通訳の訓練をしてほしいこと、PDCA[35]の考え方、社会人・組織人になった時の心構え、行動の仕方を教育してほしいこと、自発性・考える能力、想像力の養成などといった意見もあった（表 3-4）。

35　事業活動における管理業務を円滑に進める手法の一つ。Plan(計画) → Do(実行) → Check(評価) → Act(改善) の 4 段階を繰り返すことによって、業務を継続的に改善する。

表 3-4　日本語の教育機関に望むこと【単位：件 (%)】

仕事に関するルール、ビジネスマナーなど	6(22)	日本語能力（聞く・読む・書く・訳す）	4(15)
日本文化・企業文化・日本人考え方・慣習など	4(15)	社会人としての独立思考能力	3(11)
異文化コミュニケーション	3(11)	ビジネススキル	2(7)
専門知識・専門用語	2(7)	他言語（英語）	2(7)
人間関係調整	1(5)		
計　　27　(100)			

　表 3-4 の中で、「仕事に関するルール、ビジネスマナー」「日本文化・企業文化・日本人の考え方・慣習」「日本語能力（聞く・読む・書く・訳す）」が占める割合は大きい。これは前節の「在学中に習得してもらいたいこと」の調査結果とほとんど一致している。日系企業の「日本語人材育成での大学への期待」は日本語言語知識だけではなく、言語以外の知識や技能を教え、日本の社会・日本人の考え方、企業文化を理解してもらい、ビジネス言語を活用してコミュニケーションができるビジネスパーソンの育成を要求されていることが分かった。

3.4　まとめ

　本章は、アンケートを通して、1) 企業が求める日本語の言語能力、2) 在学中、採用時、入社後に望む能力、3) 中国人社員に不足している能力、4) 日本語人材育成での大学への期待という四つの内容を考察してきた。

日系企業の採用ポイントと重視する資質としては、「日本語能力」、「責任感」が上位を占め、大学での専門は前者ほど重視されていない。日本語能力については、多岐にわたるスキルを期待している。日本語能力試験（N1）が採用基準となっており、職位や仕事内容により必要とされる日本語レベルが違ってくる。日常会話、業務連絡、通訳、電話対応、書類翻訳、書類作成までが相対的に重要度が高く、プレゼンテーション、敬語や専門用語の重要度は相対的に低い。また、採用に当たっては日本語運用能力だけではなく、本人の資質も重視しており、特に「責任感」を強調している。

　「中国人社員に不足している能力」について、言語面では「日本語の理解力が足りない」「敬語がうまく使えない」「仕事上に使う日本語の文法が正しくない」が挙げられ、非言語面では「「報・連・相」意識が薄い」「社会人基礎力が足りない」「日本企業文化への理解が足りない」となっている。日系企業が重視している日本語能力と社会性については、中国人社員に対する評価が低い。

　入社時の日本語に関する様々な能力において、敬語の重要度は相対的に低いのに対して、採用した日本語人材において、不足点として敬語の使用問題を挙げられたことは、採用面接時に、「敬語」は必須条件として重視されていないが、採用した日本語人材の中に「敬語がうまく使えない」という欠点が存在しているということを示しているのであろう。

　そして、「日本語教育機関への期待」と「在学中に習得してもらいたいこと」について、ほとんど同じことが要求されている。即ち、日本語の言語知識だけではなく、言語以外の知識や技能を教え、日本の社会・日本人の考え方、企業文化を理解してもらい、ビジネス日本語を活用してコミュニケーションができるビジネスパーソンの育成が要求されている。この結果は「入社後に望む能力」にも反映されている。新規採用した日本語人材が、日本人の考え方を理解したり、上級ビジネス日本語のスキルや日系企業文化の理解などの資質を有することが、相対的に順調に速やかに仕事に慣れるのに有効であると日系企業は考えている。

3.5 ビジネス日本語教育への示唆と今後の課題

　今回のアンケート結果を踏まえ、ビジネス日本語教育への示唆と今後の課題として以下のような点が明らかになった。

　1）日系企業の採用ポイントは「日本語能力」であり、採用基準は日本語能力試験（Ｎ１）の合格となっていることから、ビジネス日本語の基本は基礎的な日本語能力であることが分かる。日本語の基礎をしっかり固めないと高いレベルで次の方向に行けないことが自明のことであり、「聞く・話す・読む・書く・訳す」という五つの基本的な能力を養い、学生の日本語運用能力を上げるのは重要な課題である。

　2）日系企業の「在学中に習得してもらいたいこと」において、「日本の企業文化・商習慣」は在学中の習得が望ましいと日系企業が考える１位の分野である。従って、ビジネス文化・知識・慣習への理解や、仕事のルール・ビジネスマナーなど社会人としてのスキルもビジネス日本語の重要な内容である。このような言語以外の知識や技能を身につけてもらうことも非常に大事であり、グローバル人材として備えなければならない能力である。

　3）日系企業の「日本語教育機関への期待」では、日本語の言語知識だけではなく、言語以外の知識や技能を教え、日本の社会・日本人の考え方、企業文化を理解してもらい、ビジネス日本語を活用してコミュニケーションができるビジネスパーソンの育成が要求されている。日本文化、日本人の考え方などの異文化教育もビジネス日本語教育に欠かせない内容である。相対的に順調に速やかに仕事に慣れ、円滑なコミュニケーションができるための必要な条件である。

　4）社会人としての行動能力の教育は直接に日本語に繋がっていないかもしれないが、求める日系企業が多い。例えば、調整能力、情報収集、報連相、チームワーク力、と幅広い能力が求められる。これらの教育もビジネス日本語教育の一部になるのであろう。

　以上、日系企業に対してアンケート調査を行い、考察した結果を元に分

析した。今後は、如何に社会のニーズに満足し、それぞれの大学で如何に実現可能な日本語人材育成体制を再構築するかは、まだいろいろな課題があるが、創意工夫を重ね、探究を継続していきたいと思う。

第4章　日本国内における日本企業の 求める人材像について

前章では、中国に進出した日系企業の求める日本語人材に関して考察した。ここでは目を転じて日本国内における日本企業の求める人材像について見ていきたいと思う。

4.1　大卒日本人学生に期待する能力

2014年7月に、日本経済団体連合会が実施した「新卒採用（2014年4月入社対象）に関するアンケート調査」によると、企業が採用に当たって重視する要素の上位5位は次のように続く。（次ページ図4-1）[36]

第1位　コミュニケーション能力

第2位　主体性

第3位　チャレンジ精神

第4位　協調性

第5位　誠実性

「コミュニケーション能力」を最も重視すると回答した企業が82.8%を示しており、コミュニケーション能力、主体性、チャレンジ精神、協調性など、個人固有の能力なりコンピテンシー（高いレベルの業務成果を生み出す、特徴的な行動特性）を重視する企業が増える傾向にあることがうかがえる。因みに、「学業成績」や「出身校」を重視した企業は3～6%程度、グローバル人材が叫ばれている状況下、「語学力」を重視した企業は僅か7%程度となっている（次ページ図4-1）。「コミュニケーション能

36　新卒採用（2014年4月入社対象）に関するアンケート結果概要　日本経済団体連合会

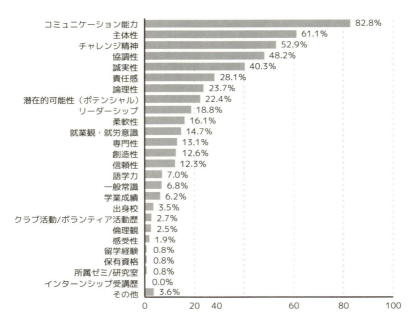

図4-1　企業が採用選考で重視した能力の調査結果（出典：2014日本経済団体連合会）

力」を最重視する傾向は、2004年以降も継続しており、2013年では過去最高の86.6％と、11年連続で第1位となっている。「主体性」、「チャレンジ精神」、「協調性」、「誠実性」の順に続き、上位5項目には変化がなかった(次ページ図4-2)[37]。「コミュニケーション能力」に対する企業のニーズが他を圧倒していることがうかがえる。専門知識や保有資格よりも、上司や同僚とコミュニケーションをとり、前向きに仕事が出来るかどうかが重要視されているようである。

　また、『就職四季報』や『親と子のかしこい大学選び』などの様々な雑誌の情報によれば、企業が求めているのは、周囲と協調しながら、円滑的にコミュニケーションを取り、自ら積極的に行動でき、チャレンジ精神を持つ学生であることが分かる。しかし、グローバル人材を求める企業は多

37　新卒採用（2014年4月入社対象）に関するアンケート結果概要　日本経済団体連合会

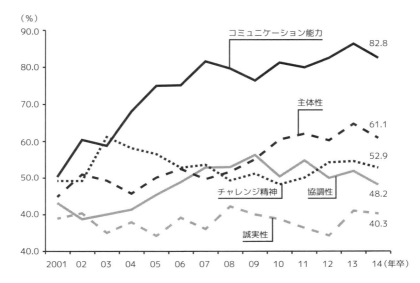

図 4-2　選考時に重視する要素の上位の推移 (出典：2014 日本経済団体連合会)

いが、「留学経験」を重視した企業は非常に少なく、「新卒採用（2014 年 4 月入社対象）に関するアンケート結果概要」では僅か 0.8％程度であった。留学は人間的に成長できるいい機会であるが、経験そのものより、経験を通じてどんな力が身に付いたのかといった点を重視しているのであろう。

4.2　外国人留学生に対して求める能力

近年、企業経営のグローバル化や日本国内の少子高齢化に対応するため、外国人留学生採用に対し積極的な意向を示す日本企業が増加している。また、2008 年に文部科学省が「留学生 30 万人計画」を打ち出しており、2014 年 5 月 1 日現在の留学生数は 184,155 人で、前年比 16,010 人 (9.5％) 増となっている。[38] また、日本で就職する外国人留学生の数は 2014 年には 12,958 人[39] となっており、近年の不景気の影響を受けたものの、2004

38　平成 26 年度外国人留学生在籍状況調査結果　独立行政法人日本学生支援機構（JASSO）
39　平成 26 年における留学生の日本企業等への就職状況について　法務省入国管理局

年には 5,264 人であったことを考えると 10 年間で 2.5 倍の増加率となっている。このことは、経済のグローバル化の進展によって、国籍に関わらず多様な人材を活用するため留学生を積極的に採用する日本企業が増えつつあることを示しているとも言える。

このような状況下において、2007 年より財団法人海外技術者研修協会が実施した「平成 18 年度に構造変化に対応した雇用システムに関する調査研究（日本企業における外国人留学生の就業促進に関する調査研究）」では (以下「就業促進」)、企業の留学生採用に関するニーズ（採用動機、採用基準など）、外国人留学生への要望などの調査を行った。また、2009年に独立行政法人労働政策研究・研修機構により「日本企業における留学生の就労に関する調査」（以下「就労」）が行われ、留学生の採用状況、採用理由及び企業が求める日本語能力などの実態を調査した。本節では、この二つの調査報告から、日本国内における日本企業の外国人留学生に対する求める能力を考察していく。

4.2.1　外国人留学生の採用基準

「就業促進」によると、採用基準において、外国人採用のために別途枠を設けることはせず、日本人と同様の採用基準が活用されているケースが多い。日本語能力だけではなく、本人の資質、専門性を重視する。そして、「就労」でもほとんど同じ状態になっており、調査によると、正社員の採用では、89.3％の企業が日本人と区別なく採用しており、「日本人とは別枠で採用」は 10.7％であった。また、契約社員の採用でも、88.8％とほとんどの企業が日本人と区別なく採用したと回答しており、「日本人とは別枠で採用」は 11.2％であった。いわゆる「外国人採用枠」は、正社員採用も、契約社員採用も 1 割程度に過ぎず、ほとんどの企業では、留学生の採用は、日本人と区別なく採用がなされている。

日本人の新卒者と同じように、採用に当たっては日本語運用能力だけではなく、本人の資質、専門性を重視しており、特に技術職の採用において

は、日本語能力よりも専門性を重視する傾向がある。

4.2.2 企業が求める日本語能力

前述の「就職促進」によれば、日本語能力については、採用時のポイントとしている企業も多く、各社ともに職種を問わずネイティブレベル、高度なコミュニケーション能力、または業務に支障をきたすことのない高いレベルの日本語能力を求める傾向にある。

また、「就労」によると、留学生が仕事をするうえで求められる日本語能力のレベルは、「報告書やビジネスレター などの文書を作成できるレベル」とする企業が 68.8％となっており、「ビジネス上のやり取りができるレベル」(26.2％)を加えると、95.0％とほとんどの企業が日常会話程度を超えるレベルの日本語を求めている。

日本の企業が外国人留学生に求める日本語能力としては、相手や場面において使いわけられる日本語によるコミュニケーション能力や電話やメールでの「非対面型」の日本語のコミュニケーション能力がある。

日本語能力に関して、日本企業が求める日本語能力は、中国に進出した日系企業が求める日本語のレベルと比べてみると、日本企業が求める日本語能力のほうが、よりレベルが高く、ネイティブに近いレベルとなっている。確かに、日本にいる留学生は日常生活から学習・研究まですべての生活において、日本語の充実した学習環境が整っているため、中国国内にいる日本語学習者より、現実に近い自然な日本語を身につけやすい。その意味で、日本にいる留学生の日本語能力に対して、比較に高いレベルを要求しているのであろう。また、日本企業は日本語能力について「ネイティブレベル、高度なコミュニケーション能力」を求めるところは、「留学生の採用は、日本人と区別なく採用がなされている」という採用基準への反映であろう。

4.2.3 企業の外国人留学生への要望

引き続き「就職促進」から外国人留学生への要望を見てみると、下記の3点にまとめられる。

① 日本語能力。各社とも、高い日本語能力を期待しているため、在学中に高度かつ実践的な日本語運用能力をできる限り高めてほしいというニーズが高い。特に、新聞や資料といった情報収集時の読解能力、資料作成、敬語等の待遇表現といった点のニーズが多い。そして、相手との関係、状況、目的に応じた使い分けができるレベルの能力の向上を求める企業が多い。

② 日本企業文化に対する理解。日本で働く上で、日本人のものの考え方、日本企業特有の企業風土、日本社会全般に関して深い理解が求められると企業側は認識している。日本文化に対する一般的な理解に加えて、日本企業の組織構造や仕事の進め方に対する理解、法律等業務を進める上で必要となる背景知識の理解を希望する企業が多く見られた。

③ 日本企業に勤務する社会人として求められる行動能力。帰国せずに日本で働く意義、目的を明確にする必要性、さらに、その際には短期的ではなく、中長期的な視点に立って検討する必要性を挙げている。ビジネスマナーに関しては、在学中に基本的な点は習得しておくほうがよいと考える企業が大半を占めている。また、インターンシップやアルバイトを通した就業経験を重視する企業が見られた。そして、チームワーク力、調整能力、情報収集・集約能力、プレゼンテーション能力、規律意識 といったコンピテンシーの涵養を求める声が多数であった。また、事務職の場合は、高い日本語能力をすでにもった人材が多いため日本語以外の語学力や専門的なスキル・資格を、技術職の場合は、エンジニアとしての論理性及び専門性を期待する傾向が強い。

上述の「就職促進」による日本企業の外国人留学生への要望は、中国に進出した日系企業が「日本語教育機関への期待」と「在学中に習得してもらいたいこと」と合致している。即ち、日本語の言語能力はもちろん、言

語以外の知識や技能を学習し、日本の社会・日本人の考え方、企業文化を
理解してもらい、ビジネス日本語を活用してコミュニケーションができる
ビジネスパーソンの育成が要求されている。

4.3　日本企業に勤めている外国人へのヒアリング

　上述の二つの調査報告から、日本国内における日本企業の外国人留学生
に対して求める能力を考察した。そこで、既に日本企業に勤めている外国
人は、どのような能力や資質を有すれば仕事が順調にできる、またはどの
ような知識・スキルを学習すれば仕事に役立つと思っているかについて、
日本国内の日本企業で働いている 8 名の中国人にヒアリングをした。ヒ
アリングした対象者の状況は下記の表 4-1 の通りである。

　ヒアリングした対象者は男性 4 名と女性 4 名である。勤務年数は一番
長いのは 10 年で、2 名である。勤務年数が 7 年になっているのは 1 名、
2 年となっているのは 2 名、1 年勤務しているのは 3 名である。業種はメー
カー、貿易、不動産、飲食及び IT と様々な業界となっている。

　ヒアリングした結果を 5 段階評価で平均値を算出し、それぞれの必要
となる能力の重視度をチェックしてもらった。結果を示すと、次ページの
図 4-3 ようになる。

　図 4-3 から分かるように、日本企業で働くのに必要となる重要な能力は
どんなものかについて、中国社員が考える上位 3 分野は「チームワーク能

表 4-1　ヒアリング調査対象者の状況

対象者	A	B	C	D	E	F	G	H
性別	男	女	女	女	男	男	女	男
勤務年数	1	1	1	2	2	7	10	10
業種	不動産	飲食	貿易	メーカー	メーカー	IT	メーカー	貿易

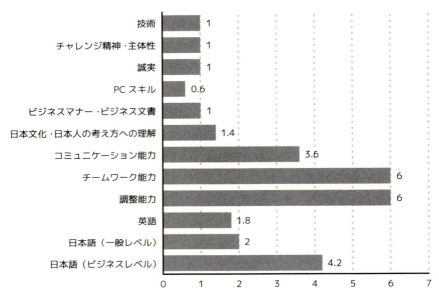

図 4-3　中国人社員から見た日本企業で働くのに必要となる重要な能力

力」・「調整能力」、「日本語 (ビジネスレベル)」、「コミュニケーション能力」である。調査対象の 8 名全員は「調整能力」と「チームワーク能力」が非常に重要であると述べている。言語能力について、日本語はビジネスレベル以上が必要だと思う人は 5 名、一般レベルで十分だと思う人は 3 名、日本語以外に英語も必要だと感じている人は 3 名である。一方で、日本文化・日本人の考え方への理解、ビジネスマナー・ビジネス文書などについては、関心度が低い。その理由を聞いたところ、日本に住んでおり日本文化・日本人の考え方が自然に分かるようになり、ビジネスマナー・ビジネス文書なども会社に入ったら、研修を受けたり、先輩の書いた書類を参考にしたりすることができるので、入社する前にあまり分からなくても大丈夫だと考えているようである。この点について、日本企業側の求める能力とは少しずれが生じている。企業側が日本企業文化に対する理解、日本人のものの考え方、日本社会全般に関して深い理解を求めていると中国人

従業員達は認識していないようである。

4.4 まとめ

本章は日本国内における日本企業の求める人材像について、「大卒日本人学生に期待する能力」と「外国人留学生に対して求める能力」と二つの面から考察した。「大卒日本人学生に期待する能力」では、企業が採用に当たって重視する要素の上位5位はコミュニケーション能力、主体性、チャレンジ精神、協調性、誠実性となっており、「コミュ ニケーション能力」が11年連続で第1位となっている。

「外国人留学生に対して求める能力」について、採用基準において、外国人採用のために別途枠を設けることはせず、日本人と同様の採用基準を取っている企業が多い。求める能力として、「ネイティブに近い高度コミュニケーション日本語能力」、「日本企業文化に対する理解能力」、「社会人としての求められる行動能力」の三つの能力が挙げられている。この点については、中国に進出した日系企業が求める日本語人材に対する要望や期待とほぼ一致している。

この結果から、日本国内における日本企業であろうと、中国に進出した日系企業であろうと、企業の求める日本語人材は同じであることが明らかになった。したがって、前章で提示した下記の4点は、ビジネス日本語教育における人材育成の当面の課題であろう。

① 日本語の基礎をしっかり固め、「聞く・話す・読む・書く・訳す」という五つの基本的な能力を養い、学習者の日本語運用能力を上げるのは重要な課題である。

② ビジネス文化・知識・慣習への理解や、仕事のルール・ビジネスマナーなど社会人としてのスキルもビジネス日本語の重要な内容である。

③ 日本の社会、日本人の考え方、企業文化などの異文化教育もビジネス日本語教育に欠かせない内容である。

④　社会人としての行動能力の教育は直接に日本語に繋がっていない
　　かもしれないが、求める日系企業が多い。例えば、調整能力、情報収
　　集、報連相、チームワーク力、と幅広い能力が求められる。これらの
　　教育もビジネス日本語教育の一部になるのであろう。

　以上、日本国内における日本企業の求める人材像について、二つの調査
報告の結果を元にして考察した。今後は、如何に社会のニーズに満足し、
それぞれの大学で如何に実現可能な日本語人材育成体制を再構築するか
は、まだいろいろな課題があるが、次章から分析していきたいと思う。

第5章　中国における日本語専攻の
　　　教育現状と問題点

5.1　背景と先行研究

　中国では、1949年新中国成立後に、外国語教育重視政策に基づいて1950年代から、1960年代前半にかけて外国語専門学校や総合大学に日本語専攻が設置された。日本の国際交流基金の報告書によれば、2012年時点で中国の日本語教育機関総数は1800校、日本語学習者数は105万人となっている。30年間で日本語教育機関数が8.3倍、日本語学習者数が25倍に膨らんで日本語学習者数が世界一となっている。その中で全学習者の64.9％が高等教育機関（大学）の学習者で、就職志向が強い学習動機も中国の日本語教育の特徴と言える。

　1970年代後半から大学入試制度が復活し、大学教育が本格的にスタートした。教育内容は、小学校から大学まで、中国教育部が制定した教育指導要領に規定されている。2001年に、中国の大学の日本語教育指導要領として、「高等院校日語専業基礎段階教学大綱」改訂版と「高等院校日語専業高年級階段教学大綱」が出版された。大学の日本語教育はこれらの「教学大綱」に基づき行われる。

　譚（2004）は「教学大綱」の作成の背景と内容をまとめた上で、実際の教育現場への影響にも言及し、カリキュラム、教材の作成、評価を中心に「日本語専攻四、八級試験要綱」の内容を取り上げている。譚（2006）は中国の大学における「日本事情」科目の現状について、「日本事情」科目の担当教師及び学習者に対してアンケートを行い、その結果を分析し、「日本事情」教育の問題点を挙げて、その結果から改善のための提言をしている。また、冷（2011）は、中国の高等教育における外国語の政策と

教育の目標について、1990年版と2001年版の「教学大綱」（基礎段階）との比較を通じて、日本語基礎段階の教育理念は教師側の「教え」を重視しながら、学習者側の「学び」に注目すべきであると述べている。

今までの中国における日本語専攻の教育事情に関する論文は、歴史的な変遷とこれからの動向などをまとめたもの、あるいは教育の現場に立って特定の科目の教授法や教材分析や技能の育成を中心としたものが多く、具体的に何に基づいて、何を目標とするか、また教育現場では、この「教学大綱」がどのように浸透しているかという教育の根本的なことに関する論文は少ない。

そこで、本章は、先行研究を踏まえて、中国のT大学を事例とし、現行のカリキュラムを取り上げ、さらに現行カリキュラムはどのように「教学大綱」を反映しているか、対照しながら、日本語専攻の教育現状を紹介しつつ、問題点を明らかにしたい。

5.2　中国国家教育部が制定した「教育大綱」について

「教学大綱」とは、中国教育部が定めた日本語専攻大学生用の指導要領のことである。「教学大綱」には「高等院校日語専業基礎段階教学大綱」（以下、「基礎大綱」）と「高等院校日語専業高年級階段教学大綱」（以下、「高年級大綱」）の二つの指導要領に分けられる。「基礎大綱」は1、2年生（基礎課程）用、「高年級大綱」は3、4年生（専門課程）用となっている。「教学大綱」は、大学で設置される科目や授業内容の基準となるほか、教育者が教科書やテストを作成する際の指針ともなる。

5.2.1　「基礎大綱」について

「基礎大綱」は大学日本語専門の基礎段階（1、2年生）の教育指導要領であり、教育目的、教授時間、教育内容、到達目標、教授原則、その他の教育に関する注意点、評価などについて詳述し、基準を規定している。

1）教育目的について、以下のように提示している。

「学生が日本語の基礎知識をしっかりと身に付けるように導き、聴く・話す・読む・書くの基本的技能を訓練し、場面に応じた適切な言語運用能力を養成し、日本の社会と文化に関する知識を豊かにし、文化の理解能力を育成することによって、高学年段階の学習にしっかりとした基礎を固める」[40]。

「基礎大綱」では、学習者の言語運用能力とコミュニケーション能力の育成が 21 世紀における日本語教育の重要な目標とされ、これまでの指導要領と比べて、以下のような特徴があると明記されている。

① 「文化の理解能力の育成」を教学の目的とする。「発音・文字と語彙・文法・実用文型・機能概念」の学習内容に、「社会文化」という項目を加えるとともに、教学原則の中でコミュニケーション能力と言語運用能力、文化の理解能力との関係を強調している。

② 科学性、規範性、応用性を強める。日本の文化・経済生活の新しい変化を考慮し、第 1 学年、第 2 学年で学習する語彙の数量を増やす一方で、慣用句と常用句型の削減、文法上での部分的な調整及びその説明について適切な修正を行っている。

2) 教授時間について、以下のように規定されている。

基礎段階の教育は 2 年間（2 学年）となっており、1 学年毎に 2 学期が含まれている。2 年間を 1 ～ 4 学期に分けている。更に、毎学期の教育週数は平均 17 週と規定されている。「基礎大綱」によれば、日本語に関する授業時間数が 2 年間で最低 884 時間と決まっている。

・1 年目（1，2 学期）… 週 14 時間 × 平均 17 週 ×2 学期 =476 時間
・2 年目（3，4 学期）… 週 12 時間 × 平均 17 週 ×2 学期 =408 時間

3) 教育の内容に関して、下記のように改定している。

本来の教育内容としての「発音・文字と語彙・文法・実用文型・機能概念」に「社会文化」という項目を付け加えた。これにより、基礎段階の教育内容は、発音、文字と語彙、文法、実用文型・機能概念、社会文化から

---

40 「高等院校日語専業基礎段階教学大綱」2001 年版　大連理工大学出版社　pp.1

構成されることになる。

4）到達目標について、下記のように記述している。

「基礎段階の学習と訓練を通じて、学生が日本語の発音、文字、基本的語彙、基礎の文法と文型、機能概念の内容を正確的に習得し、聴く・話す・読む・書くの基本的な技能を身に付け、一定のコミュニケーション能力を有すること。」更に、付表をつけ、到達基準を具体的に提示している。

「基礎大綱」では、文化を理解する能力の育成が教育の目的として定められ、さらに、教育内容に「社会文化」をつけ加えたものの、到達目標では、社会と文化に関して全く言及していない。発音、文字、語彙、文法、文型、機能概念、聴く、話す、読む、書くとの十項目について、到達すべき基準を詳しく説明しているのに対して、改定後のポイントとなる社会と文化に関する説明は見あたらない。

5）教育原則について

教育原則は「言語の基礎訓練」、「理解と伝達」、「聴く・話すと読む・書く」、「言語の基礎とコミュニケーション能力」、「対象語と母語」の5項目からなっている。

教育原則では、日本語専攻教育の最終目的は、異文化コミュニケーション能力の育成であると明記されており、言語知識（発音、文法、文字、語彙など）と言語技能（聴く、話す、読む、書く）は言語によるコミュニケーション能力の基礎であり、基礎段階においては、言語知識の伝授と基礎技能の訓練を重視すべきであると基礎段階における言語能力育成の重要性が強調されている。

また、「言語能力があれば、コミュニケーションも自然に身に付けられるわけではない。コミュニケーション能力とは、実際のコミュニケーションにおいて、的確に、柔軟に言語を運用する能力である」と定義されてい

41　前掲　「高等院校日語専業基礎段階教学大綱」pp.3
42　前掲　「高等院校日語専業基礎段階教学大綱」pp.7

る。さらに、「コミュニケーションする際に、言語運用能力のほか、社会
文化能力も必要とされる。社会文化能力の育成は、多方面的であり、言語
の運用にプラスになるよう、実際の教授、学習において社会・文化の内容
を入れるべきである」と記述している。

　教育原則には、コミュニケーション能力を育成するための教授法や注意
事項も記述している。「教材と教授法において、現代的な教授手段を使う
べきである。例えば、パソコン、マルチメディア、インターネットなどを
利用し、自然場面、或いは擬似場面を作り、形式と内容を有機的に結びつ
けて、コミュニケーション活動の訓練を行う」、「言語形式と構造だけを重
視し、言語機能を軽視することを避ける」と述べている。[44]

　現行の「基礎大綱」は学習者の言語運用能力や異文化コミュニケーショ
ン能力の重要性及び社会文化理解能力の育成を提唱している。これは、従
来の言語知識重視の教育から言語運用・実践への教育に変わりつつあるこ
とを示しているのではないかと考えられる。

5.2.2「高年級大綱」について

　「高年級大綱」は大学日本語専門の高学年段階（3、4年生）の教育指
導要領であり、教育目標、教授時間、教育内容、科目設定などについて規
定している。

　1）教育目標について

　「高年級大綱」の「総綱」では高学年段階の教育目標について以下のよ
うに述べている。

　「学生が卒業するとき、しっかりとした日本語の基礎能力と実践能力を
身につけ、日本の語学、文学、社会文化（地理、歴史、政治、経済、風習、
宗教などを含む）の分野の基本的な知識を身に付けるべきであり、就職後、

43　同前掲　pp.7
44　同前掲　pp.7

ごく専門的な分野を除いて各種の通訳、翻訳及び日本研究に関わる研究や教育の仕事に早く適応できるようにする。」[45]

高学年段階では、引き続き日本語知識を習得することと、知識を広げて実践能力を高めることが強調され、言語知識のほか、関連分野の知識も重視されている。

2) 教授時間について

高学年段階の教育も2年間（2学年）となっており、4学期が含まれ、2年間を5～8学期に分けている[46]。毎学期の教育週数は平均18週と規定されているが、週教授時間が規定されておらず、各大学の裁量に委ねられている。8学期は卒業論文を執筆する学期となっている。

・3年生（5、6学期）…　週＿＿時間 × 平均18週 ×2学期（大学によって異なる）

・4年生（7、8学期）…　週＿＿時間 × 平均18週 ×2学期（大学によって異なる）

3) 教育内容について

高学年段階では、言語の基本技能を鍛え、日本語の実践能力を高めると同時に、視野を広げ、知識を広めることに留意するべきと述べている。

教育内容について、各大学は実際の状況に応じて科目を設置することができるが、内容上は、「日本語総合技能」、「日本語言語学」、「日本文学」、「日本社会文化」の4分類に関する科目を設置しなければならないことを規定している[47]。また、社会のニーズに応じるため、上記4分類に関する科目のほか、各大学で経済貿易・観光などの科目を増設することも提案されている[48]。

45　「高等院校日語専業高年級階段教学大綱」2000年　大連理工大学出版社　pp.1-2
46　中国で2学期制を取っており、4年間を1～8学期に分けている。
47　前掲　「高等院校日語専業高年級階段教学大綱」pp.2
48　前掲　「高等院校日語専業高年級階段教学大綱」pp.7

4)　科目の設置について

「高年級大綱」では、「日本語総合技能」、「日本語言語学」、「日本文学」、「日本社会文化」の４分類に対して、対象科目の説明や具体的な要求を提示している。内容をまとめると次ページの表5-1のようになる。[49]

表5-1の科目のほか、社会のニーズに応じるために、各大学は経済貿易、ビジネス日本語、観光などの科目を増設することも提案されている。

基礎段階と同様に、高学年段階も教師の講義による知識の伝授が重視されている。教授方法について、高学年段階では、「日本語で教授」し、「できるだけ中国文化と比較」して教授することが要求されている。

5.3　Ｔ大学の日本語専攻の教育現状—カリキュラムを中心に

以上、中国教育部が定めた日本語専攻大学生用の指導要領の「教学大綱」について、紹介した。次に中国のＴ大学の現行カリキュラムを取り上げ、現行カリキュラムはどのように「教学大綱」を反映し、どのように浸透しているかを分析しながら、考察を加えたいと思う。

5.3.1　日本語専攻の養成目標

Ｔ大学の日本語専攻の養成目標は「しっかりとした日本語言語能力と関連技能・知識を有する人材を育成することを目標とし、学習者に幅広い科学文化知識を習得させ、将来、外交、経済貿易、教育・研究、旅行などの分野で翻訳・通訳、研究、教育及び管理職などの仕事に従事できる人材を育成すること」である。[50]

Ｔ大学の養成目標では、日本語知識を習得することと、知識を広げて技能を高めることが重視され、言語知識のほか、関連分野の知識も重視され

49　「高等院校日語専業高年級階段教学大綱」pp.2-7の内容をまとめ、翻訳・作成した。

50　Ｔ大学の外国語学科ホームページ　http://wyx.tstc.edu.cn/col/1400225656085/2014/05/21/1400658117762.html

表5-1　高学年の設置科目について

分類	設置科目	内容	教授方法に関する要求
日本語総合技能	高学年日本語総合（精読）	・低学年の語彙、文法の説明から文章の分析、言語心理と言語文化の背景の理解へと移す。 ・日本語らしい日本語を学習し「中国式日本語」を避ける。 ・多くの文化背景に関する知識を学習者に紹介すること。	・日本語で教授すること。
	リーディング・スキルと新聞選読（泛読与報刊選読）	・学習者の語彙量と知識面を広げる。 ・教材には科学読本の文章を一定の割合まで占める。 ・最新の国際記事及び関連する語彙を習得させる。	・宿題は文章要約、情報収集、資料整理などの形を採用すること。 ・日本語で教授すること。
	日本語作文（日語写作）	・応用文からはじめ、各種の実用文体、調査報告及び論文の書き方を教えること。 ・書く能力のほか、説解材料の分析能力、総合能力を養成すること。	・授業時間外に作文を書かせ、授業中に講評に教え、日本語で教授すること。
	通訳・翻訳（翻訳）	・通訳と翻訳の2つに分け、日本語から中国語、中国語から日本語に訳す。 ・通訳と翻訳の学習時間数は各大学の状況によって決められるが、一般的にそれぞれ40～60時間とする。 ・政治、経済、社会文化などの分野における通訳能力を訓練し、学習者の政策水準及び渉外能力を高める。	教授順番は、「日本語から中国語に」を先に教え、訓練させる。
日本語言語学	言語学概論	音韻論、文法論、語彙論、文体論などの内容を含む	教師の伝授を主とする（講義型）
	日本語概論	言語学の基礎理論から日本語の特徴を理解する。	
日本文学	文学作品選読	・文学作品の鑑賞能力を養成し、視野を広げる。	教師の伝授を主とする（講義型）
	文学史	・批判的意識を持たせ、将来の文学研究、学術論文を執筆する能力に基礎を作る。 ・日本文学の発生、発展及び各歴史段階の関連を理解し文学史の基本的な知識を学習する。	
	日本文学名作鑑賞		
日本社会文化	日本文化史	これらの授業を通じて、日本文化の特徴を理解し、日本の歴史、地理、風習、政治、経済などの現状を把握する。	・中国文化と比較して教授する ・日本語で教授すること。
	日本概況		
	日本経済		

ている。これは高学年段階の教育目標と符合しているが、「基礎大綱」で
強調された「社会文化」、「文化の理解能力」については、言及していない。

5.3.2 育成方案について

T大学は「特色のある応用型人材育成のシステムを構築し、現代社会経済の発展に応じた一定レベルに達した人材を育成する」ため、2012年3月に大学の育成方案を改定した。新しい育成方案では、科目の構成が調整され、実践教育を強化し、学習者の専門知識・技能を重視すると同時に、総合資質も無視しないものとなっている。改定した育成方案の科目構成は次ページ（表5-2）のとおりである。

T大学では2学期制を取っており、学部の4年間を1～8学期に分けている。第1学年から第2学年までは、基礎段階の学習となり、第3学年から第4学年までは、高学年段階の学習となっている。基礎段階では、日本語に関する基礎科目のみならず、各教養科目も入っている。高学年段階では、引き続き言語知識を学習すると同時に、関連分野の知識・技能も学習する。表5-2から分かるように、基礎科目の割合は一番大きく、43％となっている。

また、日本語に関する授業の教授時間数については次ページの表（表5-3）の通りである。

T大学日本語専攻の日本語に関する授業の教授週間数は、「教育大綱」と比べ、第1、2学年は1週間少ないが、毎週の教授時間数は「基礎大綱」より7～12時間多いため、総教授時間数は規定より上回っている。ただし、「高年級大綱」（第3、4学年用）では、毎学期の教授週間数は平均18週と規定されているが、週教授時間数が規定されておらず、各大学によって決められている。T大学の場合、第3、4学年の教授週間数は16週となっ

---

51 「T大学における学部人材育成方案の改定に関するガイドライン」pp.1
52 「T大学の日本語専門における人材育成方案」2012年改定版　pp.2の内容をまとめ、翻訳・作成した。

表5-2　科目構成及び学習時間

科目類別	内容、単位、時間及び比率				
	内容	単位・時間数			
		単位	%	時間数	%
教養・共通科目 （第1、第2学年）	思想政治、中国近代史、道徳、心理教育など（必修）	24.5	13	324	12
	大学英語、大学体育、情報処理など（必修）	24	13	438	16
	教師教育コースの選択科目	6	3	96	4
専門科目 （基礎科目は第1、第2学年で学習し、それ以外は第3、第4学年で学習する）	基礎科目（総合日本語、音声、聴解、会話、日本事情、日本概況、リーディング・スキルなど）（必修）	67	37	1136	43
	重点科目（高級総合日本語、通訳、翻訳、日本文学史、聴解、リーディング・スキル、論文指導など）（必修）	23	13	400	15
	専攻特色科目（ビジネス日本語、日本語作文、旅行日本語、日本文学作品選読など）（必修）	12	7	192	7
	選択科目（新聞選読、敬語、日本映画鑑賞など）	4	2	64	3
	実践科目（実習、卒業論文など）	23	12	29週	
合　計		183.5	100	2650	100

表5-3　T大学日本語専攻の教授時間数

	週間数				教授時間数/週				総教授時間数			
	第1学年	第2学年	第3学年	第4学年	第1学年	第2学年	第3学年	第4学年	第1学年	第2学年	第3学年	第4学年
T大学	16	16	16	16	35	36	30	10	560	576	496	160
教育大綱	17	17	18	18	28	24	—	—	476	408	—	—

ており、「高年級大綱」より２週間も少ないが、第３学年の教授時間数からみると、第１、２学年の規定されている時間数より多いので、比較的合理的であると言えるであろう。また、第４学年では、学習者が就職活動を行ったり、実習をしたり、特に第８学期（第４学年後半）に卒業論文を執筆したりするので、授業をほとんど行わない大学がよく見られる。

5.3.3　カリキュラムについて

　前ページの表5-2から分かるように、Ｔ大学の日本語専攻のカリキュラムは、主に二つのカテゴリーに分かれている。一つは、大学の政策に合う教養科目である。例えば、思想政治、中国近代史、道徳、心理教育、英語、体育などである。もう一つは、日本語専攻自体の特徴に合わせて設置した科目である。文法、文字・語彙などの言語知識・言語技能から、経済、文化などの言語運用まで、幅広く設置されている。

　次は、Ｔ大学の日本語専攻における専門科目のカリキュラムを「基礎段階のカリキュラム」と「高学年段階のカリキュラム」に分けて、「教育大綱」と比較して考察したい。

◆基礎段階のカリキュラム

　Ｔ大学の日本語専攻における基礎段階は１学年と２学年を含む。具体的なカリキュラムを次ページの表5-4[53]のように示す。

　表5-4から分かるように、Ｔ大学日本語専攻の基礎段階では、総合日本語、音声、聴解、会話、リーディング及び文化に関連する科目が設置されている。そのうち、「総合日本語」はカリキュラムの中心であり、全科目の中で、最も教授時間数の多い科目である。第１学期から第４学期まで設置され、１週間で８時間教授し、２年間合計で512時間の授業が行われ、全科目の45％となっている。基礎段階では、総合日本語は主に基礎文法、文字と語彙、文型などを重点として授業が行われる。言語現象の分析を通

---

53 「Ｔ大学の日本語専門における人材育成方案」2012年改定版　pp.3-4の内容をまとめ、翻訳・作成した。

表5-4　Ｔ大学日本語専攻の基礎段階カリキュラム

科目	設置学期	授業時間数／週	総授業時間数	比率
日本語学科紹介	1	1	16	1%
音声	1	2	32	3%
総合日本語	1-4	8	512	45%
聴解	1-4	3	192	17%
会話	1-4	3	192	17%
日本事情	2	2	32	3%
中日文化対比	2	2	32	3%
リーディング・スキル	3-4	2	64	6%
日本概況	3	2	32	3%
言語理論	4	2	32	3%

じて、「聴く、話す、読む、書く」という四つの技能を訓練する。教授方法は伝統的な教授法を用いている。つまり、教師の講義による授業を行っており、学習者の発言、自主学習、能力発揮のチャンスは非常に少ないのが現状である。

　「総合日本語」だけでは、「聴く」と「話す」という能力は十分訓練できないと考えられ、別に「聴解」と「会話」の二つの科目を設けている。「聴解」と「会話」は「総合日本語」についで、教授時間数が２番目に多い科目である。それぞれ１週間３時間を教授し、２年間合計で192時間の授業が設置され、全科目の17％となっている。「会話」の授業では、パソコンや、マルチメディアを利用し、ロールプレイで訓練させている。「聴解」の授業では、モデル会話を聴き、その内容を聞き取り、質問に対する適当な答えを選んだり、穴埋めのディクテーションをしたりする。更に、第３

学期と第４学期では、多読能力を訓練するため、「リーディング・スキル」
という科目が設置されている。

　また、日本の社会・文化に関して、「日本事情」、「中日文化対比」と「日
本概況」の三つの科目が設置され、合わせて全科目の９％となっている。
そのほか、音声と言語理論に関する知識も学習する。

　上述のカリキュラムからみると、Ｔ大学の日本語専攻は「基礎大綱」の「基
礎知識をしっかりと身に付けるように導き、聴く・話す・読む・書くの基
本的技能を訓練し」、「日本の社会と文化に関する知識を豊かにし、文化の
理解能力を育成する」という教育目的に従って、基礎段階のカリキュラム
を設置していると言えるが、設置した科目のバランス、内容のボリューム
などについて、次節の高学年段階のカリキュラムと合わせて考察する。

◆**高学年段階のカリキュラム**

　Ｔ大学の日本語専攻における高学年段階は３学年と４学年を含む。高学
年段階では、引き続き日本語知識を習得し、実践能力を高め、学習者の将
来の就職を考慮した上で、関連分野の知識を教授しているが、現行のカリ
キュラムは、はたして「教育大綱」の要求を満たしているのか。次ページ
の表 5-5[54] を見ながら、分析していきたいと思う。

　Ｔ大学日本語専攻の高学年段階カリキュラムは、主に「言語知識」、「言
語技能」、「日本文化」、「ビジネス日本語」という４種類の科目が含まれて
いる。便宜上、「教育大綱」に合わせ、設置科目を「日本語総合技能」、「日
本語言語学」、「日本文学」、「日本社会文化」、「社会ニーズに応じる増設科
目」及び「選択科目」という６分類に分けて考察した。

　1）日本語総合技能に関する科目

　表 5-5 から分かるように、「日本語総合技能」の習得は一番重視され、
総教授時間の 60％となっている。そのうち、高学年総合日本語は 14％を
占めている。高学年総合日本語は基礎段階の総合日本語の続きであり、第

54　「Ｔ大学の日本語専門における人材育成方案」2012 年改定版 pp.4 の内容をまとめ、翻訳・作成した。

表5-5　Ｔ大学日本語専攻の高学年段階カリキュラム

分類	Ｔ大学の現状					教育大綱
	設置科目	設置学期	授業時間数／週	総授業時間数	比率	設置科目
日本語総合技能	高学年総合日本語	5—6	3	96	14%	高学年総合日本語
	リーディング・スキル	5—6	2	64	10%	リーディング・スキルと新聞選読
	日本語作文	5	2	32	5%	日本語作文
	通訳	5—6	2	64	10%	通訳・翻訳
	翻訳理論と実践	5—6	2	64	10%	
	卒業論文指導	6	1	16	1%	
	高学年聴解	5—6	2	64	10%	
					60%	
日本語言語学	古文	7	2	32	5%	言語学概論
					5%	日本語概論
日本文学	日本文学史	5	2	32	5%	文学作品選読
	日本文学作品選読	5	2	32	5%	文学史
					10%	日本文学名作鑑賞
日本社会文化						日本文化史
						日本概況
						日本経済
社会ニーズに応じる増設科目	科学技術日本語	7	2	32	5%	各大学の実際の状況に応じて設置する
	観光日本語	6	2	32	5%	
	ビジネス会話	7	2	32	5%	
					15%	
選択科目（最低2科目を選択し履修すること）	新聞選読	7	2	32	2科目各5%	各大学により決める
	敬語	7	2	32		
	ビジネス文書	7	2	32		
	日本映画鑑賞	7	2	32	10%	

5、6学期の通年必修科目である。中国の大学の日本語学科の新入生はほとんど日本語に関する学習歴のない学習者で、ゼロから日本語を学習し始めるため、「総合日本語」と「高学年総合日本語」は学習者にとって、日本語の知識と技能を習得するもっとも重要な科目である。「高学年大綱」では、「高学年総合日本語（あるいは精読）は全ての学期に設けるべき」と規定されている[55]。しかし、表5-5から分かるように、T大学では、「高学年総合日本語」は第5学期と第6学期にしか設けられず、週当たりの教授時間は基礎段階の8時間から3時間まで減らされ、総教授時間も基礎段階の512時間から96時間まで削られている。4年生になると、学習者達が就職活動を行ったり、実習をしたり、卒業論文を執筆したりするので、授業時間はどんどん削られるのがよく見られるが、メインの授業である「高学年総合日本語」まで減らすことは、到底合理的であるとはいえず、非常に疑問に感じる。

　「リーディング・スキル」、「通訳」、「翻訳理論と実践」は第5、6学期に設置され、それぞれの週当たり教授時間は2時間、総教授時間数は64時間で、日本語総合技能の中で10％ずつを占めている。学習者の「読み」からのインプット量を増やし、日本語を読む習慣をつけ、読解力の向上を目指すため、T大学は基礎段階の第3学期から、「教育大綱」より早い段階で「リーディング・スキル」の授業を導入している。高学年段階では続けて訓練させている。通訳・翻訳に関して、「教育大綱」では「訳すに関する科目は通訳と翻訳の2種類の授業を含む（中略）、教授時間数と割合について各大学の実際の状況によって決める。それぞれの教授時間を40－60時間に設定するのが適切であろう」[56]と述べている。T大学の場合、「教学大綱」の規定に従い、訳すに関する科目を「通訳」と「翻訳理論と実践」の2種類の授業に分けて行っているが、それぞれの教授時間は「教育大綱」

55　前掲　「高等院校日語専業高年級階段教学大綱」pp.2
56　前掲　「高等院校日語専業高年級階段教学大綱」pp.3

の「40－60時間」より多く、64時間となっている。

　「日本語作文」は第5学期に設置され、週当たり教授時間は2時間、総教授時間数は32時間で、日本語総合技能の中で5％を占めている。学習者にとって書くことは、「聴く・話す・読む・書く」の四つの技能の中で、もっとも言語要素についての知識が必要な技能であるので、高学年段階に入ってから学習する。「日本語作文」の学習内容は、主にレポート・論文・説明文の書き方、感想文・年賀状・スピーチの書き方などを含む。

　以上は「教育大綱」に規定された日本語総合技能の科目である。上記の科目以外に、T大学は「高学年聴解」と「卒業論文指導」も開設している。「高学年聴解」は基礎段階の「聴解」の続きで、第5、6学期に設置され、週2時間、合計64時間の授業となっている。「聴く」という技能の訓練は、基礎段階だけではなく、高学年段階も大切である。特に海外で日本語を学習する環境下では、日本人と接するチャンスがめったにないため、実際に日本語を聴く機会が少ない。そこで、「高学年聴解」の開設は極めて必要とされている。しかし、「卒業論文指導」という科目の開設の必要性はどうであろうか。「教育大綱」によると、第8学期は卒業論文を執筆する学期であると規定されている。6学期というのはあまりにも早すぎ、論文テーマさえ決まっていない学習者が少なくない。更に、第5学期に「日本語作文」という科目が設けられているので、論文の書き方について教授することともなっている。重複的な科目設置になるのではないかと思われる。

　2）日本語言語学に関する科目

　T大学日本語専攻の高学年段階では、日本語言語学に関する科目は「古文」という科目のみである。第7学期に設置され、週2時間、合計32時間の授業となっている。教授時間数は高学年段階の全科目の5％となっている。「高学年大綱」に挙げられた日本語言語学に関する科目は「言語学概論」と「日本語概論」であるが、T大学の場合は、基礎段階の4学期に「言語理論」という科目を設け、高学年段階の7学期に「古文」という日本語言語学に関する科目を設置している。時期から見れば、「高学年大綱」の

規定とずれが生じている。早い段階で「言語理論」を設置しているが、学習者は本当に十分理解できるかが懸念される。

　3）日本文学に関する科目

　Ｔ大学日本語専攻の高学年段階では、日本文学に関する科目は、「日本文学史」と「日本文学作品選読」が設けられている。二つの科目とも第5学期に設置され、それぞれの週当たり教授時間は2時間、総教授時間数は32時間で、全科目の10％を占めている。「高学年大綱」の規定にほぼ合致している。

　4）日本社会文化に関する科目

　表5-5から分かるように、Ｔ大学日本語専攻の高学年段階では、日本社会文化に関する科目は一つも設置されていない。しかし、基礎段階では、日本社会文化に関する科目は「日本事情」、「中日文化対比」と「日本概況」の三つが設置されている（表5-4を参照）。社会文化に関する科目を設置しなければならないと明確に規定されているのにも関わらず、高学年段階に設置せずに、基礎段階に三つも設けていることは、Ｔ大学の現行カリキュラムにおいて、一番バランスを欠いていて、問題点になるところであろう。

　「高学年大綱」によれば、「日本語言語学」と「日本文学」に関する科目を除き、ほかの科目はすべて日本語で教授することが要求されている。しかし、基礎段階に社会文化に関する科目を設置すると、日本語で教授するのは難しくなる。基礎段階の学習者の日本語レベルでは日本語のみでの授業を十分理解できないからである。そして、「基礎大綱」では、確かに「日本の社会と文化に関する知識を豊かにし、文化の理解能力を育成する」[57]という内容を提示しているが、あまり社会文化に関する科目が多すぎると、日本語の基礎知識・基本的技能などの訓練時間が抑制され、「しっかりとした基礎を固める」という基本的な教育目的を達成できなくなるであろう。

　5）社会ニーズに応じる増設科目及び選択科目

57　前掲　「高等院校日語専業基礎段階教学大綱」pp.1

「高学年大綱」では、社会のニーズに応じるため、「日本語総合技能」、「日本語言語学」、「日本文学」及び「日本社会文化」の４分類に関する科目のほか、各大学が実際の状況を考えた上で、経済貿易・ビジネス日本語・観光日本語などの科目を増設することが提案されている。Ｔ大学の場合は、第６学期に「観光日本語」が設けられ、第７学期に「ビジネス会話」と「科学技術日本語」が設置されている。それぞれの週当たり教授時間数は２時間、総教授時間数は 32 時間で、全科目の 15％を占めている。

また、選択科目についても、各大学が独自に決める科目である。Ｔ大学の場合は「新聞選読」、「敬語」、「ビジネス文書」及び「日本映画鑑賞」という四つの授業から、二つを選択するという方式で、第７学期に設置され、それぞれの週当たり教授時間は２時間、総教授時間数は 32 時間で、５％ずつを占めている。選択科目の内容から見れば、ビジネス日本語に関する科目は多く、半分に達している。

社会ニーズに応じる増設科目及び選択科目は、どちらも学習者の就職志向を反映している。その意味では、Ｔ大学は学習者達の将来の就職における競争力を重視していると言える。

6）課外活動及び実習・留学

Ｔ大学日本語専攻は、様々な教育活動を行うことによって学習者の日本語学習を多様化しようと努力している。

まず、日本語専攻の中で日本語スピーチコンテスト、書道、歌合戦などを行い、学習者の日本語への興味を引き出しながら、日本語学習の濃厚な雰囲気を作る。次に、毎週の火曜日の夕方７時から、日本人教師が担当している日本語コーナーが開催される。学習者達にできるだけ日本語母語話者との交流のチャンスを与える。また、学習者の言語運用力と社会文化理解力を高め、将来の就職に役立てるため、2012 年から日本のいくつかの日本語学校と提携し、「海外実習基地」を作り出し、「３＋１」の教育モデルとなっている。即ち、Ｔ大学で３年間を学習してから、４年次の実習時に来日し日本の社会文化などを自ら体験し、更に日本語能力を高める。同

時に、卒業論文を執筆し日本語学校の日本人教師に指導を受けるというモデルである。

5.4 考察とまとめ

　以上のように、Ｔ大学の現行のカリキュラムを中国国家教育部が制定した「教学大綱」と対照しながら、日本語専攻の教育の現状と問題点を明らかにしてきた。下記に考察をまとめてみたい。

　1）Ｔ大学日本語専攻の基礎段階カリキュラムは「基礎大綱」に従い、基礎知識・言語技能を重視し、「聴く・話す・読む・書く」の基本的技能を訓練し、日本の社会文化に関する知識も教授し、文化の理解能力を育成するというカリキュラムであると言えるが、日本の社会文化に関する科目は基礎段階で三つも設けられ、日本語に関する基礎知識の獲得と４技能の訓練に十分な習得時間が確保できなくなる可能性がある。

　2）「高学年大綱」では、「高学年総合日本語（あるいは精読）は全ての学期に設けるべき」と規定されているが、Ｔ大学日本語専攻では、「高学年総合日本語」が第５、６学期のみに設置され、週当たり教授時間も基礎段階の週８時間から週３時間まで削られている。第７、８学期に入ると、学習者達は就職活動や大学院入学試験や卒業論文などに忙しくなるため、授業時間はどんどん削られる。高学年段階になると、学習者の学習自律性を養成することと学習者の自由時間を保つことは不可欠ではあるが、メインとした「高学年総合日本語」の学習時間を減らすことは、合理的でなく、学習者が日本語能力を高めるのに悪い影響を与える傾向がある。少なくとも、第７学期まで「高学年総合日本語」を設置すべきである。

　3）日本語総合技能に関する科目の中で、「日本語作文」と「卒業論文指導」は重複的な科目設置と見られ、「日本語作文」の授業で卒業論文の書き方を教えることができ、論文執筆の第８学期で個別指導を行うのが合理的であると考える。従って、「卒業論文指導」という科目を設置すべきではない。

　4）日本語言語学に関する科目について、「高学年大綱」の規定と異なり、

基礎段階で「言語理論」を設置している。基礎段階では、やはり言語知識、言語技能重視で、基礎を固めるのに重点を置くべきである。「言語理論」のような日本語言語学に関する科目は、高学年段階に設ければ、学習者がその理論知識を十分に理解できるようになるはずである。

5）日本社会文化に関する科目は、T大学日本語専攻の高学年段階では、一つも設置されていない。これは、T大学日本語専攻のカリキュラムにおいて、一番大きい問題点であろう。基礎段階で社会文化の科目が設置されているが、そのデメリットについて、上述の1）で論じた。さらに、「高学年大綱」が日本社会文化に関する科目の中で提示した「日本経済」という科目は設けられていない。

6）教育実践において、T大学日本語専攻は4年間の中の1年を海外実習として日本で学ばせている。日本での学習と生活を通じて日本社会と文化を理解させるのは効果的であり、言語の造詣の向上につながる。このような海外実習制度は学習者のコミュニケーション能力の向上に大いに役立つと考えられる。ただし、費用や家族の許可などの制限で全員が行くことは難しい。そこで、インターンシップのような実践活動が不可欠となり、このような実習チャンスも学習者に与えるべきであろう。

7）「高学年大綱」では、学習者の日本語能力を高めようという教育方針で、授業は日本語を使用すると明確に規定している。しかし、T大学日本語専攻の教師はほとんど中国語と日本語の両方を使用し授業を行っている。日本語のみでの教授は、特に日本語母語話者ではない中国人日本語教師にとって、克服しなければならない課題が多いためと推測できる。

8）中国語の「教学」という言葉には、「教える」と「学ぶ」二つの意味が含まれる。しかし、「教育大綱」にしても、T大学日本語専攻にしても、教師主導による知識注入という形の教育観となっており、学生が「学ぶ」ことより、教師が「教える」こと、つまり「講義による知識の伝授」に重点が置かれている。このような教授方法で果たして「総合的能力(知識を獲得する能力、知識を運用する能力、問題を分析する能力、見解を独自に

表す能力、創造力) を有する」、[58]「特色のある応用型人材を育成する」[59]ことができるだろうか。これは、今後の一つの大きい課題であろう。

　本章は、中国のＴ大学を事例とし、現行のカリキュラムを取り上げ、「教学大綱」が実際の教育現場でどのように浸透し、それに基づきどのような教育実践が行われているかを考察し、日本語専攻の教育現状と問題点を明らかにした。今後、引き続き、具体的にどのように教育改善をし、どのような授業を行うべきか、コースデザインから実践検証を含め、研究を継続していきたいと思う。

58　「関於外語専業面向 21 世紀本科教育改革的若干意見」（21 世紀に向けての外国語専攻の学部教育　改革に関する意見）　中国教育部高等教育機関外国語専攻教学指導委員会が 1998 年に告示した通達　で、中国の大学における外国語専攻教育に関する基本的な方向、指針を示したものである。

59　前掲「Ｔ大学における学部人材育成方案の改定に関するガイドライン」pp.1

第6章 ビジネスドラマを活用する日本語授業における著作権問題について

6.1 ビジネスドラマ教材の有用性

　中国の大学で日本語を4年間学習した日本語学習者は、職場において相手や場面に応じて適切な敬語及び言葉遣いがうまく使用できないことをよく耳にする。また、日本の社会・日本人の考え方、企業文化を理解する面でも、不十分なところが多いことは第3章で報告している。

　日本語学習者が敬語の使用や日本人の考え方、企業文化の理解に対して当惑している原因として様々な要素があると思われるが、海外で日本語を学習する環境下では、日本人と接するチャンスがめったにないため、実際に日本語を使う機会が少ない。そのため、海外の日本語学習者の日本語の習得は教科書に頼らざるを得ない。しかし、教科書は文法学習のために作られた会話がほとんどであり、職場の人物の社会関係が無視された形で作られているモデル会話もある。海外における日本語学習者にとって「テキスト会話」と「現実の会話」との距離は大きいとも言えよう。

　海外の学習者に対して、日本人の職場での「生きた会話」と「適切な敬語」を一番簡単に提供できる方法はさまざまな映像教材であろう。その中でも、筆者は日本のビジネスドラマ教材がより有効であると考えている。海外の日本語学習者にとって日本のビジネスドラマは日本企業における敬語使用の実際を知るための貴重なリソース（資源）である。ビジネスドラマは社会の中で繰り広げられるコミュニケーションの実態について教科書以上に多くの情報を提供している。学習者は映像、音声からより具体的なコミュニケーションの状況を知ることができ、言語使用の多様性を個々の状況と結びつけて理解することができる。日本語によるビジネス場面にア

クセスを持たない学習者にとって、ビジネスドラマはそれらの情報を提供してくれる身近なリソースであると言える。

先行研究を見てみると、黄 (2005) はマルチメディア教材の利用状況と教育効果、利用意欲や問題点などを明らかにするため、台湾の大学における教師と学生にアンケート調査を実施して、「多くの学習者はマルチメディア教材は日本語能力の向上に効果があると判断し、授業でマルチメディア教材が用いられているか否かを問わず、マルチメディア教材の使用を非常に歓迎する。また、授業の内容をさらに充実させることも期待している」と指摘している。

岡崎 (1993) は、実際の指導経験を通して、ビデオドラマや漫画を用いての日本語教育の方途を考察して、「コミュニケーション能力の養成と言っても、定型的な構文が並べられた教材ばかり用いたのでは、いかに多くの練習時間を費そうとも、応用度の高い会話力が身に付かないことはいうまでもない。そこでより生活の状況の密着したコミュニケーションの実力を養う良策として、現実にできるだけ即した事物や場面を間接的ながら体験できる手段であるビデオが、大いに期待されてくるわけである」と述べている。

また、有賀 (1990) の研究では、中級の学習者を対象に、テレビ番組を教材として用いた授業の実践例を報告し、映像教材の有用性を具体的に考察している。

「語学教育において、映像教材が有用であることは誰しもが認めるところである。学生の興味を引きつけて集中力を持続させ、発話を促す効果に加えて、教室で教師一人が与えるより、はるかに多くの情報を一度に与えることができるというメリットがある。すなわち、映像に現れる個々の場面や時間の流れに沿った文脈、複数の話者によるさまざまな日本語使用など、視覚・聴覚双方からの情報、つまり理解すべき内容が文字教材よりはるかに多いのである。また、視覚情報や文脈が、ある語なり表現なりの使用場面の理解を容易にすることも、利点の一つと考えられる。」

(有賀 1990)

これらのほかにも、異文化間のコミュニケーション観点からテレビドラマ教材を利用して授業を行った早矢仕 (2005) などがある。

早矢仕 (2005) では、日本語会話の授業におけるテレビドラマ教材の活用を自ら実践しており、「テレビドラマは日本で放送される時期とほぼ同時に視聴が可能である。流行なども含めて、リアルタイムに日本の匂いに触れることができる。テレビドラマは内容の評価だけでなく、それが旬であることに意味がある。それゆえに、学習者にとって日本での実際の生活場面や会話の擬似体験が可能である」と述べている。

また、佘 (2005) では、映像教材を使用することのメリットとデメリットを以下のようにまとめている。

(1) 使用のメリット：
　　①学習者の興味をひきつける
　　②授業が活性化できる
　　③実際の日本語に触れられる
　　④場面状況・話者の属性・相手との人間関係が明瞭になる
　　⑤表情・身ぶりなど、非言語的な要素を具体的に示すことができる
　　⑥さまざまな状況を擬似体験できる
　　⑦話題の提示に役立つ
　　⑧多様な題材が選べる
(2) 使用のデメリット：
　　①集中できる時間が短い
　　②見せすぎると退屈する
　　③映像だけに目が奪われ、聞き取りがおろそかになる
　　④必要な部分を抽出する作業が大変で、時間がかかる
　　⑤機器の扱いが複雑である

以上のように、ビジネスドラマを含め、映像教材は日本語学習において真実的な情報を伝え、「生」であることの魅力を持った学習リソースであると言える。ところが、映像教材を利用する際に、法律の面では問題が生

80

じないのであろうか。またどのように合法的・合理的に映像教材を使用するか。これらの問題を明確にするため、著作権法の関連規定を考察する必要がある。

6.2　ドラマを教材として使用する際の著作権について

大学教育では、小説、論文、絵画、音楽、写真、映画、ドラマ等様々なものが教材として使用されるが、その多くは著作権法により保護を受ける著作物である。著作物を作成した著作者は、自分の作成した著作物に関して、複製する権利、翻訳する権利、上演する権利、インターネットなどで送信する権利など様々な権利を有しているので、他人の著作物を利用する場合は、原則として、著作者の許諾を得ることが必要となるが、著作物の公正かつ円滑な利用ができるように、一定の条件を満たす場合は例外的に著作者の許諾を得ることなしに著作物を利用することが認められている（権利の制限と呼ばれている）。

これから、日本の著作権法及び中国の著作権法における教育目的での著作物利用と権利制限に関する規定を紹介する。

6.2.1　日本の著作権法の主な規定について

日本の著作権法における教育目的での著作物利用と権利制限に関する主な規定は、教科用図書等への掲載（第三十三条）、学校教育番組の放送等（第三十四条）、学校その他の教育機関における複製等（第三十五条）、試験問題としての複製（第三十六条）等である。[60]

1）教科用図書等への掲載（第三十三条）

公表された著作物を教科用図書に掲載することができると規定されている。著作物を利用する際に、著作権者の許諾を得る必要はないが、著作権者への通知は必要である。また、文化庁長官が毎年定める額の補償金を著

60　公益社団法人著作権情報センターホームページ、著作権データベース、国内法令、著作権法 http://www.cric.or.jp/db/domestic/a1_index.html#2_3e

作権者に支払う必要がある。

　　著作権法第三十三条

　　公表された著作物は、学校教育の目的上必要と認められる限度にお

　　いて、教科用図書（小学校、中学校、高等学校又は中等教育学校そ

　　の他これらに準ずる学校における教育の用に供される児童用又は生

　　徒用の図書であつて、文部科学大臣の検定を経たもの又は文部科学

　　省が著作の名義を有するものをいう。以下同じ。）に掲載すること

　　ができる。

　　2　前項の規定により著作物を教科用図書に掲載する者は、その旨

　　を著作者に通知するとともに、同項の規定の趣旨、著作物の種類及

　　び用途、通常の使用料の額その他の事情を考慮して文化庁長官が毎

　　年定める額の補償金を著作権者に支払わなければならない。

　　3　文化庁長官は、前項の定めをしたときは、これを官報で告示する。

　　4　前三項の規定は、高等学校（中等教育学校の後期課程を含む。）

　　の通信教育用学習図書及び教科用図書に係る教師用指導書（当該教

　　科用図書を発行する者の発行に係るものに限る。）への著作物の掲

　　載について準用する。

　2）学校教育番組の放送等（第三十四条）

　学校教育の目的上必要と認められる限度で学校教育番組において著作物
を放送等することができる。また、学校教育番組用の教材に著作物を掲載
することができると規定している。ただし、いずれの場合にも著作者への
通知と著作権者への補償金の支払いが必要となる。

　　著作権法第三十四条

　　公表された著作物は、学校教育の目的上必要と認められる限度にお

　　いて、学校教育に関する法令の定める教育課程の基準に準拠した学

　　校向けの放送番組又は有線放送番組において放送し、若しくは有線

　　放送し、又は当該放送を受信して同時に専ら当該放送に係る放送対

　　象地域（放送法（昭和二十五年法律第百三十二号）第九十一条第二

項第二号に規定する放送対象地域をいい、これが定められていない
放送にあつては、電波法（昭和二十五年法律第百三十一号）第十四
条第三項第二号に規定する放送区域をいう。以下同じ。）において
受信されることを目的として自動公衆送信（送信可能化のうち、公
衆の用に供されている電気通信回線に接続している自動公衆送信装
置に情報を入力することによるものを含む。）を行い、及び当該放
送番組用又は有線放送番組用の教材に掲載することができる。

2　前項の規定により著作物を利用する者は、その旨を著作者に通
知するとともに、相当な額の補償金を著作権者に支払わなければな
らない。

3）学校その他の教育機関における複製等（第三十五条）

授業を担当する者やその授業を受ける者(学習者)は、授業の過程で使
用するために著作物を複製することができる。また、「主会場」での授業
が「副会場」に同時中継されている場合に、主会場で用いられている教材
を副会場で授業を受ける者に対し公衆送信することができる。

ただし、ドリル、ワークブックの複製や授業の目的を超えた放送番組の
ライブラリー化など、著作権者に不当に経済的不利益を与えるおそれがあ
る場合にはこの例外規定は適用されない。[61]

著作権法第三十五条

学校その他の教育機関（営利を目的として設置されているものを除
く。）において教育を担任する者及び授業を受ける者は、その授業
の過程における使用に供することを目的とする場合には、必要と認
められる限度において、公表された著作物を複製することができる。
ただし、当該著作物の種類及び用途並びにその複製の部数及び態様
に照らし著作権者の利益を不当に害することとなる場合は、この限
りでない。

61　文化庁ホームページ、著作権制度の概要。http://www.bunka.go.jp/seisaku/chosakuken/
seidokaisetsu/gaiyo/chosakubutsu_jiyu.html

2　公表された著作物については、前項の教育機関における授業の過程において、当該授業を直接受ける者に対して当該著作物をその原作品若しくは複製物を提供し、若しくは提示して利用する場合又は当該著作物を第三十八条第一項の規定により上演し、演奏し、上映し、若しくは口述して利用する場合には、当該授業が行われる場所以外の場所において当該授業を同時に受ける者に対して公衆送信（自動公衆送信の場合にあつては、送信可能化を含む。）を行うことができる。ただし、当該著作物の種類及び用途並びに当該公衆送信の態様に照らし著作権者の利益を不当に害することとなる場合は、この限りでない。

4）試験問題としての複製（第三十六条）

　第三十六条は、入学試験や採用試験などの問題として著作物を複製すること、インターネット等を利用して試験を行う際には公衆送信することができると規定している。

　ただし、著作権者に不当に経済的不利益を与えるおそれがある場合にはこの例外規定は適用されない。営利目的の模擬試験などのための複製、公衆送信の場合には、著作権者への補償金の支払いが必要となる。

　著作権法第三十六条

　公表された著作物については、入学試験その他人の学識技能に関する試験又は検定の目的上必要と認められる限度において、当該試験又は検定の問題として複製し、又は公衆送信（放送又は有線放送を除き、自動公衆送信の場合にあつては送信可能化を含む。次項において同じ。）を行うことができる。ただし、当該著作物の種類及び用途並びに当該公衆送信の態様に照らし著作権者の利益を不当に害することとなる場合は、この限りでない。

2　営利を目的として前項の複製又は公衆送信を行う者は、通常の使用料の額に相当する額の補償金を著作権者に支払わなければならない。

84

　以上は日本の著作権法における教育目的での著作物利用と権利制限に関する主な規定である。なお、複製だけでなく、翻訳、編曲、変形又は翻案することもできる（著作権法第四十三条）し、複製物を授業で使用するために譲渡することもできる（著作権法第四十七条の 10 項）ので、教員が翻訳したものをコピーして学習者に配布することも可能である。また、著作権法第三十五条や第四十七条の 10 項の規定は第百二条第 1 項で著作隣接権[62]にも準用されているので、実演、レコード、放送及び有線放送についても複製できる。

6.2.2　中国の著作権法の主な規定について

　中国の著作権法における教育目的での著作物利用と権利制限に関する規定について学校の教室における教学又は学術研究のために公表された著作物を翻訳又は少量複製することや教科書へ掲載することについては、日本の著作権法と同様に認められている。教学又は学術研究のための場合は、著作権者の許諾も補償金の支払いも必要がないが、教科書への掲載については報酬の支払は必要となる。しかし、学校教育番組の放送や試験問題としての複製については規定されていない。

　　　著作権法第二十二条[63]

　　　次の各号に掲げる場合には、著作権者の許諾を得ることなく、また、その著作権者に報酬を支払うことなく、著作物を使用することができる。ただし、著作者の氏名および著作物の題号を明示しなければならない、かつ、著作権者がこの法律に基づき、享有するその他の権利を侵害してはならない。

　　　　（一）～（五）　略

62　著作物の流通や伝達に重要な役割を果たしている俳優や歌手、演奏家などの実演家、レコード製作者、放送事業者を保護する権利。例えば実演家の録音、録画権や放送権、レコード製作者の複製権、貸与権、放送事業者の複製権、再放送権などがあげられる。

63　公益社団法人著作権情報センターホームページ、著作権データベース、外国著作権法 http://www.cric.or.jp/db/world/china.html

（六）学校の教室における教学又は学術研究のために、既に公表された著作物を翻訳し、又は少量複製し、教学又は学術研究を行う者の使用に供すること。ただし、それらを出版、発行してはならない。

（七）～（十二）　略

2　前項の制限規定は、出版者、実演家、録音物録画物の製作者、ラジオ放送局およびテレビ放送局の権利についても、適用される。

著作権法第二十三条[64]

九年制義務教育および国の教育計画を実施するために、教科書を編集出版する場合には、著作者が事前に使用を認めない旨を表明している場合を除き、著作権者の許諾を得ることなく、既に公表された著作物の一部若しくは短い文芸の著作物、音楽の著作物又は個別の美術の著作物又は写真の著作物を教科書に編集することができる。ただし、規則に従って報酬を支払い、著作者の氏名および著作物の題号を明示しなければならない、かつ、この法律に基づき著作権者が享有するその他の権利を侵害してはならないものとする。

2　前項の制限規定は、出版者、実演家、録音物録画物の製作者、ラジオ放送局およびテレビ放送局の権利についても、適用される。

6.2.3　ビジネスドラマを活用する日本語授業の合法性及び合理性について

前述の２節では、日本の著作権法及び中国の著作権法における教育目的での著作物利用と権利制限に関する規定を紹介した。したがって、「授業で使用するためにテレビ放送されたビジネスドラマを自宅で録画し、その録画物を授業で学習者に見せることは、著作権者等の許諾無く可能であろうか」に関しては、まず、授業で使うためにテレビ放送されたドラマを自

64　同前掲

宅で録画する行為について、この録画は授業の過程における使用を目的とした複製に該当するので、日本の著作権法第三十五条第 1 項及び中国の著作権法第二十二条第 2 項の規定により、許諾なしに録画可能である。

次に、録画したドラマを授業で学習者に見せてもよいかということであるが、これは、公表された著作物を、非営利・無料かつ無報酬で上映する行為であるので、日本の著作権法第三十八条第 1 項 により、許諾なしに上映することが可能となる。また、ドラマを授業で学習者に見せるのは、教室における教学活動の一環なので、中国の著作権法第二十二条第 1 項の規定により、許諾なしに上映することが可能となる。

なお、自宅で録画するのではなく、録画されたビデオや DVD を購入したり借りてきたりして、授業で上映することも日本の著作権法第三十八条第 1 項及び中国の著作権法第二十二条第 1 項の規定より、許諾なしに可能ということになる。

日本と中国の著作権法によると、著作権者の許諾を得ることなしに著作物を利用する際に、下記の条件を満たさなければならないと考える。

①　営利を目的としない教育機関であること

②　本人の授業又は本人の研究で使用すること

③　授業で必要とする限度内で少量複製であること、それらを出版発行しないこと

④　既に公表された著作物であること

⑤　著作物の種類・用途に照らし著作権者の利益を不当に害さないこと

⑥　「出所の明示」をすること

学校教育においては、権利制限の範囲で著作物を利用することも多いと思われるが、権利制限は様々な条件が付されているので、著作者の権利を不当に害することがないよう、厳格に運用することが必要である。

65　文化庁長官官房著作権課「学校における教育活動と著作権」を参照

第7章　ビジネス場面のコミュニケーション学習におけるビジネスドラマの敬語分析

7.1　背景

　前章でも述べたが、日本語学習者が敬語の使用や日本人の考え方、企業文化の理解に対して当惑している原因として様々な要素があると思われるが、海外で日本語を学習する環境下では、日本人と接するチャンスがめったにないため、実際に日本語を使う機会が少ない。しかし、教科書には文法学習のために作られた会話がほとんどであり、職場の人物の社会関係が無視された形で作られているモデル会話もある。海外における日本語学習者にとって「テキスト会話」と「現実の会話」との距離は大きいとも言えよう。

　海外の学習者に対して、日本人の職場での「生きた会話」と「適切な敬語」を一番簡単に提供できる方法は様々な映像教材であろう。その中でも、筆者は日本のビジネスドラマ教材がより有効であると考えている。

　海外の日本語学習者にとって日本のビジネスドラマは日本企業における敬語使用の実際を知るための貴重なリソースである。ビジネスドラマは社会の中で繰り広げられるコミュニケーションの実態について教科書以上に多くの情報を提供している。学習者は映像、音声からより具体的なコミュニケーションの状況を知ることができ、言語使用の多様性を個々の状況と結びつけて理解することができる。日本語によるビジネス場面にアクセスを持たない学習者にとって、ビジネスドラマはそれらの情報を提供してくれる身近なリソースであると言える。

　本章は現実の敬語の使用状況を知るための参考にするという目的で、ビジネスドラマの会話を分析対象としたい。

7.2　ドラマ「半沢直樹」のあらすじと使用理由

　「半沢直樹」は、池井戸潤による小説「半沢直樹シリーズ」のテレビドラマ化作品であり、同作の主人公の名称。『オレたちバブル入行組』をベースとする第一部・大阪西支店編と、『オレたち花のバブル組』をベースとする第二部・東京本店編の二部で構成されている。このドラマは 2013 年 7 月 7 日から 9 月 22 日まで TBS 系「日曜劇場」枠で放送された。バブル期に大手都市銀行「東京中央銀行」に入行した銀行員・半沢直樹が銀行内外の人間や組織による数々の圧力や逆境と戦う姿を描くドラマである。

　ドラマ「半沢直樹」の第二部を敬語の分析対象としたい。使用するのには、次のような三つの理由がある。

　一つ目は、このドラマは 2013 年に放送され、時代の設定も 2013 年となっており、現在のビジネス場面の言語活動における敬語表現の形式が反映されているということである。

　二つ目は、第二部には会話場面において話し手と聞き手の立場や年齢などに応じて多様な敬語表現が見られることである。

　三つ目は、このドラマは日本国内だけでなく、中国でも大人気であり、多くの大学の日本語学習者に知られているため、分かりやすいところである。

　以上の理由で、ドラマ「半沢直樹」の第二部を敬語の分析対象とする。

7.3　「半沢直樹」における敬語表現

　ドラマでは、意図的に場面や話し手と聞き手の年齢、職業、立場、個性などによって、多くの敬語表現が用いられている。談話表現はすべての場面や人間関係において現在日本で実生活に使われている敬語を使用している。

　ここでは、場面、話題や人間関係のほかに、登場人物の心理的状況の変化によって、敬語表現がどう使い分けられるかについて、会話場面を対象として実態を分析する。

7.3.1　動詞の尊敬語・謙譲語・丁寧語の使用頻度

　「半沢直樹」の第二部（第6話〜第10話）における登場人物の発話の中の尊敬語・謙譲語・丁寧語それぞれの出現頻度を調べた。調査対象を動詞だけとしている。具体的な敬語要素については、「です・でしょう・ます・ございます」を丁寧語要素、「おっしゃいました」・「待ってください」・「ご謙遜なさらなくても」などのように下線のついた部分を尊敬語要素、「取っていただきたい」・「お会いしたことがある」・「希望しております」・「失礼いたします」・「お願い申し上げます」・「上司の顔色を伺って」などのように下線を引いた部分を謙譲語要素とする。そして、秀丸エディタ⁶⁶を利用し、各敬語を検索し集計した。一つの文に複数の敬語要素が含まれている場合、それぞれの要素を数え、各敬語の用例数とした。

　例えば、「お伺いいたします」の場合、「お〜いたし」・「伺い」は謙譲語要素になり、「ます」は丁寧語要素になるので、「謙譲語2例、丁寧語1例」と数える。結果は以下の通りである。（表7-1 参照）⁶⁷

　表7-1 から分かるように、「半沢直樹」における敬語の使用について、丁寧語は994例であり、使用率は77.1%となっている。ついで、謙譲語が195例で使用率は15.1%となっている。最も使用頻度の低い敬語は、尊敬語であり、100例しかなく、7.8%を占めているにすぎないことが明らかとなった。これまでの教科書では、特にビジネス場面において、部下

表7-1

敬語の分類	尊敬語	謙譲語	丁寧語
出現用例数	100	195	994
使用率 (%)	7.8%	15.1%	77.1%

66　秀丸エディタは、コンピューターでソース - プログラムや文章などのファイルを修正・編集するためのソフトである。

67　文化審議会の国語分科会は、2007年2月2日に「敬語の指針」の答申を提出した。今回の指針では、従来の謙譲語と丁寧語がそれぞれ細かく分けられ、5分類となっているが、本稿は従来の3分類をもって、考察したものである。なお、「お水、お料理」型の丁寧語を考察対象外とした。

の上司に対する発話には、ほとんど尊敬表現または謙譲表現が使われている。そのため、多くの学習者は、「部下というものは、上司に対して常に尊敬語または謙譲語を使って話している」という認識を持っている。しかし、今回の考察を通じて、学習者のこれまでの認識と異なり、部下の半沢が丁寧語で上司に話していることが確認され、丁寧語が頻繁に使用されていることが明らかになった。

　さらにドラマの中の尊敬語と謙譲語を形式別に整理し、使用頻度の高い順にまとめてみると、次ページの表7-2のようになる。

　表7-2に示すように、尊敬語において、使用率の一番高い表現は「てください」であり、「おっしゃる」は2位となっており、その次は「お（ご）～ください」となっている。一方、謙譲語において、発話の中に30回以上出現した表現は「いただく」、「お（ご）～する」、「～ておる」の三つである。そのうち、「いただく」は一番使用率の高い表現で、52例に達している。また、「いただく」の変化した形の内訳を見ると、「～ていただく」の使用頻度は非常に高い。このような使用頻度の高い言語形式や表現を知ることは、学習の効率化を図ることに役立つと思われる。

7.3.2　上下関係による敬語の使用

　中国における日本語教育現場では、日本語に欠かせない要素として、敬語の使い方を教えている。「年齢・地位」（上下関係）、「立場の関係」、「親疎関係」において敬語を「尊敬語」、「謙譲語」、「丁寧語」の3種類に分け、目上の人に話す時は尊敬語、自分について話す時は謙譲語を使うという説明をしている。以下の場面1から場面3までを通じ、中国の教育現場でよく挙げられている「上下関係」「立場の関係」「親疎関係」といった敬語使用の条件に基づいた敬語の使用実態を考察する。

　囗場面1囗　東京中央銀行の重役会議で、営業第二部の課長の内藤が頭取の中野渡に報告するときの会話（第6話）

　内　　藤：伊勢島ホテル担当の半沢次長より融資した200億の即時返

第7章　ビジネス場面のコミュニケーション学習におけるビジネスドラマの敬語分析　　91

表 7-2　尊敬語と謙譲語の用例数

尊敬語	用例数	謙譲語	用例数
てください	36	いただく	52
おっしゃる	18	〜ていただく	20
お（ご）〜ください	14	〜させていただく	10
お（ご）〜になる	10	〜ていただける	8
いらっしゃる	7	〜（を）いただく	9
ご存じ	6	お（ご）〜いただく	5
お（ご）〜なさる	5	お（ご）〜する	45
くださる	3	〜ておる	30
〜（ら）れる	1	お（ご）〜いたす / いたす	22
		申し上げる	14
		伺う	9
		頂戴する	8
		申す	6
		参る	5
		存じる	2
		拝見する	1
		おる	1
小計	100	小計	195

済を要求するための合意を頂戴したいとのことですが、ご検討をお願い申し上げます。

中野渡：営業部としての見解は？

内　　藤：即時返済を希望しております。私も同意見ですね。ふさげる傷口はふさいでおいたほうが得策であると考えます。

中野渡：今200億を引き揚げて、伊勢島は大丈夫だろうか。

内　　藤：半沢次長はいったん全額を引き揚げ、再稟議した上で、適正な額を融資すべきだと申しております。

中野渡：そうか。では…

「敬語」と聞いてすぐ思い浮かぶのは「上下関係」である。年齢、立場、役職などから見て、下から上へ敬語を使う。

　場面１において、中野渡は銀行の頭取で、営業第二部の課長の内藤より、年上であって社内での地位も高い。会議で仕事を報告する際、内藤が中野渡に対して、敬語を使っている。このような上司・部下の「上下関係」では、部下が上司に対して敬語を使うのが基本的である。

7.3.3　立場の関係による敬語の使用

　場面２　近藤が東京中央銀行京橋支店へ融資の依頼をしに行ったが、古里に追い返されたシーン（第6話）

古里：だからさ、この数字の根拠はどこからくるのかって聞いてるんだよ。何度も言わせるなよ。まったく。

近藤：社長と営業担当にヒアリングして作りました。現状ではそれ以上の予測はできません。

古里：大体中期計画書もないんじゃね。

近藤：計画書は、社長と練り直しているところです。次回までにはお持ちできると思いますので、これで何とか融資を。

古里：これじゃ無理だね。やり直し。

近藤：お待ちください。今月末までに融資をしていただかないとうち

は立ち行かなくなってしまいます。直すところは直しますから、どうかこれで融資を通していただけませんか。

　元銀行員の近藤は「タミヤ電気」に出向させられ、経理部長に就任し、融資を求めて東京中央銀行京橋支店に日参している。古里（銀行側）は、お金を貸す方であるため、近藤（タミヤ電気）に恩恵を与える立場に立っている。この会話の場面では、古里は「内と外の関係」より「立場の関係(恩恵授受など)」という社会的ファクターで言葉づかいを選んでいるので、近藤に敬語を使う必要がない。一方、近藤はお金を貸してほしいと頼みに来て、古里から恩恵を受ける側に属す。近藤は「立場の関係(恩恵授受など)」、「内と外の関係」から考えると、古里に敬語を使うべきである。

7.3.4　初対面による敬語の使用

場面3　東京中央銀行本部の奥様会での会話（第6話）

岸川夫人：今日初めて、半沢次長の奥様が来てくださいました。同じ
　　　　　旧産業中央出身の妻同士末永くお付き合いしていただきたい
　　　　　わ。

半沢夫人：はい。皆様のお仲間になれて光栄です。

貝瀬夫人：半沢次長といえば、行内でも花形といわれる営業第二部の
　　　　　エースですものその奥様とお知り合いになれて、こちらこそ
　　　　　光栄ですわ。

半沢夫人：いえいえ、うちはそんな大したものじゃ…

福山夫人：そんなご謙遜なさらなくてもよろしいんじゃありません
　　　　　の？　今度の金融庁検査でも重要な担当を任されたんでしょ？

半沢夫人：はあ…

　半沢直樹の栄転で家族がみんな東京に引っ越してきた。場面4はある日、半沢夫人が岸川部長宅で行われる奥様会に出席し、夫の上司達の妻との初対面のコミュニケーションである。「初対面」では、直ちに円滑な人間関係を築くことが望まれ、挨拶のように「称賛」が用いられ、お互い敬語を

使うのがよく見られる。また、「疎」の関係にもあるので、敬語を使うのは一般的である。

　場面3において、半沢夫人は皆との面会は初めてであり、そこで夫の上司の妻と付き合って、自分の振る舞いによっては夫の出世を左右しかねないと分かって、円滑な人間関係を築くため、敬語を使っている。一方、ほかの夫人達は初めて半沢夫人に会い、ご主人に対して「称賛」を用い、愛敬を振りまき、改まった敬語を使っている。

7.4　「半沢直樹」における敬語表現の特徴

　上述の場面1から場面3までは、「上下関係」「立場の関係」「親疎関係（初対面）」といった敬語使用の条件に基づいた敬語の使用実態となっている。これらの敬語表現の使い方はほとんどの教科書に挙げられ、説明されている。本稿では、このような一般的な敬語表現だけでなく、更に特徴のある敬語表現を考察したいと思う。下記の四つの場面を取り上げ、その会話場面における敬語表現がどう使い分けられるか、その敬語使用の実態はどうなのかを分析する。

7.4.1　上下関係より親疎関係を優先した敬語の使用

　　| 場面4 |　半沢直樹と直接の上司である内藤部長との会話（第6話）

　　内藤：運用失敗による損失が確定的になった。

　　半沢：伊勢島ホテルが<u>です</u>か？　しかし、あそこは先日うちから
　　　　　200億の融資をしたばかり<u>でしょう</u>。

　　　　…（中略）…

　　内藤：半沢、お前に担当してもらいたい。早急に120億の損失穴
　　　　　埋めとホテルの経営再建案を検討してくれ。

　　半沢：待ってください。そういうことなら、審査部あたりが引き継
　　　　　ぐのが妥当<u>でしょう</u>。なぜ私なん<u>です</u>か？

　　　　…（中略）…

内藤：大阪西支店で回収不可能と思われた5億の損失を見事に取
　　　り返したその実績が買われたのかもしれんな。

半沢：5億と120億では桁が二つ違います。

内藤：それでも、やってもらわなければ困る。…（略）

　内藤と半沢は二人とも東京中央銀行営業第二部に所属し、内藤は部長で
半沢の上司でもあり、半沢を信頼している。本来、「年齢の上下関係」と「職
場の上下関係」という立場で言葉遣いを選ぶと、半沢は上司の内藤に対し
て尊敬語及び謙譲語を使用すべきである。しかし、ドラマでは、半沢は内
藤に信頼され、仕事上の関係が親密であるため、「年齢の上下関係」と「職
場の上下関係」より「仕事上の親疎関係」の方を優先して内藤にずっと丁
寧語を使用している。

　場面4の会話の例では、社内の同じ部署の人間には、たとえ目上であっ
ても丁寧語だけで話すことが許されると解することができる。身近な上司
や先輩なら、謙譲語や尊敬語を使わなくても、丁寧語を使うだけで十分良
好な人間関係を構築できると言えよう。つまり、上下関係より会社内部に
おける仕事上の関係の親疎が、どのような敬語を使用するかの重要な判断
材料になることが示されている。

　それまで教科書を通じて学んだ「敬語規則」の影響を受け、尊敬語と謙
譲語の使用に強迫観念を持っていた学習者にとって、肩から重荷を下ろす
ような発見になるのではなないか。

7.4.2 「話し相手側」と「話題人物」の関係による敬語の使用

　場面5　金融庁検査の模擬検査で、半沢（営業二部次長）と福山（検
　　　査役を務める融資部次長）との会話（第8話）

福山：金融庁がそんな話を信用するか？…（中略）…さっきも言った
　　　が、もう一度言ってやろう。今回の検査を乗り切るためには、
　　　抜本策の提示が必要不可欠、その抜本策として、羽根専務を
　　　社長に据えるトップ人事はその目玉になるんだよ。…（略）。

半沢：最後に一つお聞きします。福山次長、あなた、羽根専務にお会いしたことはありますか？

福山：それは…

半沢：どうしました？あなたが 次期社長にふさわしいと推す羽根専務ですよ。当然会ったことあるんですよね。会ったことがあるのか、ないのか、どっちなんだ！

福山：残念だが、お会いしたことはない。

場面6 ある日、半沢が伊勢島ホテルを訪れると、羽根専務がホテルを出て行くところであった。その時の半沢と羽根との会話（第8話）

羽根：あら、まだ社長にご用？ 大和田常務から、もうすぐあなたに会えなくなるって伺ったけど。

半沢：まだ決まったわけでは…

羽根：あまりムリをなさらずに、あとのことは、新しい担当者の方にお任せしたら、どうかしら？

半沢：新しい担当者？

羽根：ええ。もうじき、湯浅社長もお辞めになることですしね。

半沢：それもまだ決まったわけではありませんよ。

　謙譲語の行為者について、自主行為（非対他行為）、つまり話し手自身または話し手側になるのが一般的である。例を挙げてみると、

　①　場面5の最後の発話「残念だが、お会いしたことはない」

ここの「お会いする」は、話し手である福山の行為であり、話題人物の羽根専務に対しての敬語表現である。

　②　場面6の最初の発話「大和田常務から、もうすぐあなたに会えなくなるって伺ったけど」

　ここの「伺う」は話し手である羽根の行為であり、話題人物の大和田常務に対しての敬語表現である。

①と②の中の謙譲語はどちらも話し手の行為で「第三者」（話題人物）に対する敬語である。

しかし、実際は上記の一般的な使い方と異なる表現があり、学習者にとって理解しにくいところとも言える。同じ場面5と場面6に見られる、下記の③と④の二つの発話を例として挙げて考察する。

③　半沢：「最後に一つお聞きします。福山次長、あなた、羽根専務にお会いしたことはありますか？」

④　羽根：「あまりムリをなさらずに、あとのことは、新しい担当者の方にお任せしたら、どうかしら？」

③は半沢（営業二部次長）が福山（融資部次長）に対して「羽根専務に会ったことがあるかどうか」についての質問で、行為者は話し相手の福山となっている。「最後に一つお聞きします」から見れば、半沢は福山に対して、自らはへりくだって言っているが、後ろの福山の行為（会う）に対して「お会いした」という謙譲語を使っている。なぜ話し相手の行為に対して、尊敬語を使わず謙譲語を使っているのか、なぜ「羽根専務にお会いになった（会われた）ことはありますか？」と言わず、「羽根専務にお会いしたことはありますか？」と言っているのかについて、多くの学習者は疑問を持っているであろう。

③は、「自分側」からの行為ではない点は①と異なるが、「話題人物」の「羽根専務」を立てる動きを果たしている点は①と同様である。また、③では、行為者の福山は「話題人物」の羽根専務に比べれば、この文脈では「立てなくても失礼に当たらない人物」と捉えられている（半沢と福山が同じ銀行でかつ同じ肩書きであるから）。

④も③と同様のパターンである。④は、「自分側」からの行為ではない点は②と異なるが、「話題人物」の「新しい担当者」を立てる動きを果たしている点は②と同様である。また、④では、行為者の半沢は「話題人物」の「新しい担当者」に比べれば、この文脈では「立てなくても失礼に当たらない人物」と捉えられている（羽根専務は半沢よりずっと年上であるし、

98

半沢を目の上のたんこぶと思っているから）。

　③と④のように、相手側や第三者の行為であっても、その行為の「向かう先（話題人物）」が「立てるべき人物」であって、かつ行為者が「向かう先（話題人物）」に比べれば「立てなくても失礼に当たらない人物」である、という条件を満たす場合に限っては、謙譲語を使うことができる⁶⁸。

　中国の日本語教科書では、謙譲語は一人称用の敬語であると割り切って書いたものが多い。初級日本語教育では、やむを得ないことであろうが、上級日本語教育では、謙譲語の使い方や性格をある程度理解させることが望ましいと思われる。

7.4.3　人物の感情的・心理的状況の変化による敬語の使用

　場面7　半沢は伊勢島ホテルを訪れ、専務の羽根に経営再建計画の作成を求めるというシーン（第6話）

羽根：運用失敗は株への投資によるもので、ホテル経営とは無関係なんだから。

半沢の部下：それでは、金融庁検査を乗り切れません。

羽根：それはそちらの勝手な都合でしょ。うちは銀行さんの都合で事業をしてるわけじゃないのよ。

半沢：でしたら、先日融資した120億、いったんご返済いただきたい。

羽根：どうしてかしら。

半沢：業績黒字が融資の条件だったはずです。赤字になるのなら、話が違う。

羽根：おかしなこと言うのね、財務内容は全て書類で提出したはずです。運用を隠したつもりはありません。失敗を見抜けなかったのはあなた達の責任でしょう。それをそっちの勝手な都合でいきなり返せだなんて、まるでヤクザね。耳を疑うわ。

68　文化庁　2007年2月2日に発表した「敬語の指針」。

第7章　ビジネス場面のコミュニケーション学習におけるビジネスドラマの敬語分析　　99

　半沢：専務のお考えはよく分かりました。ですが、湯浅社長のご意見
　　　　もお伺いしたい。お会いできますか？
　羽根：あいにく海外出張中です。それに、この件に関しては私が一任
　　　　されておりますので、どうしてもお金を返せと<u>おっしゃるな</u>
　　　　<u>ら</u>、銀行内の合意を取ってき<u>ていただきたいわ</u>。
　半沢：分かりました。では、その方向で検討させていただきます。

　この場面では、「羽根」は「半沢」に談話の前半部分はほとんど敬語を使っていないのに対して、途中からは、再び「半沢」に対して敬語を使うようになっている。例えば、「羽根」は業績黒字が融資の条件と聞いた後、不愉快になって、「財務内容は全て書類で提出したはずです。運用を隠したつもりはありません。」のように、丁寧語に変わった。ここでは、「羽根」は今まで「半沢」に対してずっと普通体を使っていたが、なぜ突然敬語に変わったのかを分析してみたい。

　まず、「羽根」は業績黒字が融資の条件で赤字ならば返済を要求するという話を聞き、自分のもくろみが外れる恐れがあると感じ、心の底に多少の嫌味と恐れを抱いた。そして、突然「半沢」に対して丁寧語を使うようになって冷たい言い方で、「財務内容は全て書類で提出したはずです。運用を隠したつもりはありません。失敗を見抜けなかったのはあなた達の責任でしょう」と弁解し、相手のミスであることを強調している。ここで丁寧語に変わった理由は、相手との心理的な距離を置くためである。

　その後、「羽根」はまたいつも使っている普通体に戻って、軽い口調で見下げるような言い方で、「それをそっちの勝手な都合でいきなり返せだなんて、まるでヤクザね。耳を疑うわ。」と言い逃げている。

　最後に、「湯浅社長」にお目にかかりたいと「半沢」が申し出ると、「羽根」はいきなり態度が冷たくなり、今までで一番改まった敬語を使い、「あいにく海外出張中です。それに、この件に関しては私が一任されておりますので、どうしてもお金を返せとおっしゃるなら、銀行内の合意を取ってきていただきたいわ」のように切り返した。ここで使われた敬語の機能は、

相手に敬意を表すというより、相手を敬遠することであると考えられる。

7.4.4 「半沢直樹」における敬語使用の特徴のまとめ

「半沢直樹」における敬語の使用状況を考察した結果、ドラマの中における次のような敬語使用の特徴が明らかになった。

① 敬語使用の条件としては、上下関係より親疎関係を優先する。

② 話題人物に対する敬語表現において、相手側や第三者の行為であっても、その「話題人物」が「立てるべき人物」であって、かつ行為者が「話題人物」に比べれば「立てなくても失礼に当たらない人物」であるという条件を満たす場合では、謙譲語を使うことができる。

③ 話し手は自分自身の感情及び心理状態の変化に応じて聞き手に対する敬語の使用と不使用が交互に変わる場合がある。

7.5 まとめ

本章では、ドラマ「半沢直樹」における敬語の使用実態を考察したが、これによって得た成果は日本語教育の実践にあたって以下の四つの点に意義を認めることができる。

① 尊敬語や謙譲語の使用頻度をデータ化した結果、その頻度が決して高くないことが明らかになった。それによって教科書を通じて学んだ「敬語規則」の影響を受け、尊敬語と謙譲語の使用に強迫観念を持っている学習者に対して、誤解をある程度取り除くことができるであろう。

② 「表7-2 尊敬語と謙譲語の用例数」に示した敬語表現の使用頻度順位によって、習得すべき敬語表現の優先順位を明らかにしたことは、学習の効率化を図ることに役立つと思われる。

③ 実際の敬語の使用・不使用や、どのような種類の敬語を使用するのかについては、相手の年齢、地位または肩書きのみならず、感

情的・心理的な変化や親疎関係及び人間関係など様々な要素が影響を与える。

④ 「7.1 背景」でも少し触れたが、学習者が映像、音声からより具体的なコミュニケーションの状況を知ることができ、敬語使用の多様性を個々の状況と結びつけて理解することができることである。

　今回の考察を通じて、教科書に記述されている敬語に関する規範が現実の敬語使用を完全に説明できるとは言えないことが明らかになった。これは、教科書に書かれている敬語使用の規範を疑い、再確認することではなく、ビジネス場面のコミュニケーションの実態を把握するため、敬語表現の多様性と使用状況の複雑さを認識することである。

　今後、ドラマ教材の学習効果を図るために、学習指導案を作り、中国の大学における日本語教育現場で実際にドラマ教材を用いて敬語の学習に取り込む必要がある。

第8章　日中ビジネスドラマにおける
謝罪表現の対照研究

8.1　はじめに

　グローバル化が進む中、中国における大学日本語教育は、従来の文法・言葉遣いなどの言語教育を中心とした単なる「構造中心」の学習法から、日本語以外の知識・運用能力などを重視し、日本語を通じて異文化に対する理解を深め、実践的異文化コミュニケーション能力の育成へと変わりつつある。しかし、異文化コミュニケーションを行う際に、異なる言語文化を持つ人間の間で誤解や摩擦などの問題が生じることはしばしばある。相手に迷惑をかけてしまい、損害や不快感を与えた場合、相手の気持ちを和らげ、許してもらうように様々な表現で他人に謝る必要がある。適切な「謝罪」は、相手との誤解や摩擦を避け、より良いコミュニケーションを図ることができ、非常に重要な役割を果たしている。

　近年企業が海外へ進出したり、国際的な人材を採用したりすることにより、異なる文化を持っている人々が一緒に仕事するケースが多くなっており、様々な摩擦が生じている。その中で、「謝る」ことについての疑問をよく耳にする。筆者は以前の勤務先の日本人の上司に「中国人はなぜ謝らないのですか？」と質問されたことがある。このようなマイナスイメージを持たれるのは、日中の謝罪表現の使い方の間にずれがあり、誤解となっているからではないかと考えられる。一見単純に思える謝罪表現に関して、日中両国の間には一体どのような違いが存在するのか。そのようなマイナスイメージを解消し、ビジネス場面でより円滑なコミュニケーションを行うために、日中のそれぞれの謝罪表現の特徴を明らかにする必要がある。

104

　そこで、本章はビジネスドラマを利用し、「職場」[69]という特定の場面に焦点を当て、そこで行われる日中の謝罪表現を抽出し、日中両国の謝罪表現の共通点・相違点を分析する。

8.2　先行研究

　これまでの謝罪表現に関する研究は非常に多く、発話行為、語用論、さらに定型表現、社会言語学などの視点から、謝罪表現の研究が行われている。

　熊取谷 (1988) は、発話行為理論を理論的枠組みとし、謝罪の普遍的な適切性条件を提示している。彭 (2003) は、発話行為理論における謝罪の適切性条件などを定義した上で、中国語の謝罪発話行為の表現形態、意味機能および発話類型などについて考察している。

　また、謝罪の決まり文句には、日本語の「すみません」、「ごめんなさい」、「申し訳ございません」、中国語の「対不起」、「不好意思」、「抱謙」などの定型表現がある。これらの定型表現自体も研究対象となっている。住田 (1992) は、謝罪表現の働きについて、談話資料をもとに分析している。謝罪の定型表現の一つである「すみません」の使い方について検討し、陳謝以外の場面で、どのように使われているか（断り・依頼の前置き、呼びかけ、感謝の意）などを考察している。秦 (2013) は、日本語と韓国語における謝罪の「定型表現」の特徴を考察し、「定型表現」の使用状況の違いを分析している。陶 (2005) は、シナリオから資料を集め、「対不起」と「すみません」のコミュニケーション機能を比較し相違点を指摘している。

　さらに、語用論の視点からの謝罪表現の研究においては、謝罪の定型表現以外にも謝罪行為を実現する発話があることが指摘されている。そう

---

[69]「ナビゲート ビジネス基本用語集」の解説によると、「職場」は一般用語としては職業として働く場所のことをさし、勤務先全体をさしたり、その中で実際に事務や作業する場所をさしたりする。マネジメント用語では、取引先や会社の行事としての宴席や懇親会の場なども職場の範囲とされている。本論文の「職場」は一般用語とマネジメント用語上の「職場」の意味を両方含み、同僚との食事会の場も職場の範囲としている。出典：http://www.navigate-inc.co.jp/term/

いった謝罪ストラテジーの研究は、特定の言語や社会における謝罪の仕方を分析し、異なる言語における謝罪表現を比較することを行っている。例えば、単文垠 (2009) は、謝罪行為の「方式」に重点を置きながら、日本語における謝罪行為のストラテジーの類型について考察している。

8.3　謝罪用例の収集

　日中謝罪表現の考察にあたり、謝罪の用例を求めるために、本章では中国と日本のビジネスドラマを研究資料として採用することにする。

　テレビドラマは、日常生活の姿をよりリアルに写したものである。つくりものとはいえ、ドラマにあらわれる場面や言語行動のバリエーションは日常に近いものである（熊谷 2003）。また、「テレビドラマでは、場面のバリエーションが豊富なだけでなく、やりとりの形になっているので、定型的な感謝や謝罪の決まり文句以外のストラテジーも含めた言語行動の展開例が収集しやすい」（熊谷 2003）。

　そこで、日本と中国のビジネスドラマから、それぞれ 1 本を選び、本章の研究対象として利用する。ビジネスドラマの選択基準は下記の通りである。

①　視聴率が高く、中国の大学の日本語学習者によく知られているもの。

②　現在の職場生活を背景に制作されているもの。

③　謝罪表現が多く使われているもの。

④　標準語が使用されているもの。

　上記の条件に基づき、日中の 2005 年以降放送されたビジネスドラマの中から、それぞれ 1 本を選び、謝罪表現の用例を集めた（次ページ表 8-1 参照）。日中のそれぞれの謝罪表現の特徴を考察するため、吹き替えドラマや翻訳ドラマを使用せず、全く別のストーリーの日本ドラマと中国ドラマを選んでいる。

　以下に両作品の概要を示す。

表8-1　利用したビジネスドラマ

国別	タイトル	放映期間	時間数	用例数
日本	ハケンの品格 (以下『ハケン』と省略する)	2007.1.10 ～ 2007.3.14	10 時間（全 10 話）	165 例
中国	浮沈 (以下『浮』と省略する)	2012.6.30 ～ 2012.7.30	22.5 時間（全 30 話）	58 例

◆『ハケンの品格』

　あらすじ：派遣社員として特 A ランクの評価を受ける大前春子が３か月契約で、ある食品会社「S&F」の営業事業部マーケティング課に雇われる。社内の人間関係に追われつつも、与えられたノルマを淡々とこなし、相手構わず言いたいことを言う。契約した仕事以外はしないため、配属部署以外の部署の業務の手伝いなどは一切せず、たとえ役職者であっても直属の上司でなければ命令には従わない。休日出勤もしなければ、残業も一切しない。そんな春子に周囲は振り回されつつも、徐々に認め始めるのを描いたストーリーである。

　　主要登場人物：

　　　大前春子…主人公。人材派遣会社の特 A ランクのスーパー派遣社員。

　　　森美雪…派遣社員。「S&F」営業部マーケティング課で春子と同じ期
　　　　　　　間一緒に派遣社員として働いている。

　　　里中賢介…「S&F」営業部マーケティング課主任。

　　　東海林武…「S&F」営業部販売二課主任。

　　　黒岩匡子…「S&F」営業部販売二課社員。東海林・里中と同期入社で、
　　　　　　　　仕事のできるキャリア OL。

　　　一ツ木慎也…派遣会社「ハケンライフ」のマネージャー。

◆『浮沈』

　あらすじ：国営企業の晶通が改制という民営化に移行するにあたり、新

システム７億の受注を巡って外資企業が駆け引きをする。 新人営業の喬莉が外圧、内圧、セクハラなどの困難を乗り越えて成長していくストーリーである。

主要登場人物：

　　喬莉…主人公。アメリカ系企業の賽思に勤める若い女性営業。

　　陸帆…喬莉の上司。賽思の営業部マネージャー。

　　何乗風…陸帆の上司。賽思の中国市場の責任者。

　　王貴林…国営企業の晶通の工場長。

　　于志徳…国営企業の晶通の改制責任者。

　　車雅妮…賽思のライバル企業 SC の女性営業。

8.4　謝罪表現の種類

　中田 (1989) は、謝罪表現の形を「定型表現」と「非定型表現」の２種類に分けている。本稿は中田 (1989) の分類を参考にし、更に「定型表現」のみの使用、「非定型表現」のみの使用、「定型表現＋非定型表現」の組み合わせの使用との三つのパターンに分けて考察する。例を挙げてみると、下記（表8-2）のようになる。

① 定型表現

　謝罪の際に慣用表現として最も一般的に使用されている決まり文句である。日本語では「すみません」「ごめんなさい」「申し訳ございません」「悪い」

表8-2　謝罪表現の分類

	日本語	中国語
「定型表現」のみ	すみません。	対不起。
「非定型表現」のみ	俺の監督不行届きだよ。	別往心里去啊。
「定型表現＋非定型表現」	本当に申し訳ありません。急いで探してきます。	対不起，让你久等了。

108

「失礼」など、中国語では「対不起」「不好意思」「抱謙」などが用いられる。今回利用したビジネスドラマの謝罪表現の定型表現をまとめると、下記の表 8-3 のようになる。

　表 8-3 から分かるように、日本語では謝罪の定型表現の種類が多様であり、各定型表現に様々なバリエーションがある。それによって、敬意度や丁寧さが異なってくる。これに対して、中国語では謝罪の定型表現の種類

表 8-3　謝罪表現の定型表現

日本語		中国語	
謝る G	謝ります、謝らなきゃ、お詫びに	道謙 G	道謙
すみません G	すみません（でした）、すいません、すまん、すまなかった	対不起 G	対不起、対不起啊
ごめん G	ごめん、ごめんね、ごめんな、ごめんなさい	不好意思 G	不好意思、不好意思啊
申し訳ない G	申し訳ない、申し訳ありません（でした）、申し訳ございません（でした）	抱謙 G	抱謙、説抱謙
悪い G	悪い、悪いな、悪かった、悪るうございました		
失礼 G	失礼します（ました）、失礼致します（ました）、失礼ですが		
迷惑 G	ご迷惑をおかけしました、ご迷惑かけっぱなし、お邪魔しました		

＊（G はグループの省略である）

が少なく、バリエーションも乏しい。その理由の一つとして、日本語の場合は特に複雑な敬語の体系があり、それが文末の述語で表されることが指摘されている（苏娜 2008）。本稿では1種類の表現を一つのグループとして扱い、そのグループの中の個々の表現の差異には触れない。

② 非定型表現

定型表現以外にも申し訳ない気持ちを相手に伝えるため、いろいろな方式を使いながら謝ることがある。非定型表現は、定型化・慣用化していないが、事情を説明することや、責任を承認し補償の申し出をすることなどで、相手との関係を修復し、実際には謝ることとして働いている。(8.6 で詳しく考察する)

ビジネス場面で必ずしも一つの謝罪表現を使うとは限らず、状況により複数の表現を混ぜ合わせながら、謝る気持ちを表現することも多く見られる。今回調査した日中のビジネスドラマにおける謝罪表現の種類と用例数は表8-4に示した通りである。表8-4に掲げた用例数は、前注の「職場」の意味を持ったビジネス場面の中の用例数である。ちなみに、ビジネス場面以外の謝罪表現の用例数は、日本語ドラマに3例、中国語ドラマに11例あった。

表8-4　謝罪表現の用例数と使用率

種類	日本語		中国語	
	用例数	使用率	用例数	使用率
「定型表現」のみ	101	61%	8	14%
「非定型表現」のみ	6	3%	17	29%
「定型表現＋非定型表現」	58	35%	33	57%
合計	165	100%	58	100%

用例数の数え方は延べ数である。「定型表現」のみの場合、例えば、「本当にすみませんでした」や「真的対不起」はそれぞれ1例と数える。ただし、定型表現が連続使用された場合、例えば「ごめんねごめんね」や「対不起対不起」は2例とせずそれぞれ1例と数える。「非定型表現」のみの場合、ここでは方策（ストラテジー）ごとで数えず、一つの謝る行動を1例とする。

　例えば、「<u>老板</u>、　<u>我不是有意的</u>」（社長、私はわざとではないんです。）
　　　　　攻撃弱化　＋　説明・弁明

（『浮』第2話）

　この例では、謝罪のストラテジーは二つ入っているが、非定型表現として1例と数える。謝罪のストラテジーについて、後述の8.6で詳しく分析する。したがって、「定型表現＋非定型表現」の場合、

　例えば、

「すみません、　私のせいですから、　私がコーヒー買いに行ってきます。」
　定型表現　　＋　　ストラテジー①　　＋　　ストラテジー②

（『ハケン』第2話）

　この例は「定型表現＋非定型表現」として1例と数える。

　表8-4のデータを見ると、全体の謝罪表現の用例数は、日本と中国には顕著な差が見られる。合計視聴時間10時間の日本のビジネスドラマには165例の謝罪表現があるのに対して、合計視聴時間が日本のドラマの2倍以上（22.5時間）になっている中国のビジネスドラマには、58例しか確認できなかった。この点から、ビジネス場面において、日本人は中国人に比べ、謝罪表現を頻繁に使う傾向がドラマに反映していると解釈できる。

　また、表8-4のデータによると、日本語では謝罪表現の使用率の順位は、「定型表現のみ」＞「定型表現＋非定型表現」＞「非定型表現のみ」の順である。一方、中国語では謝罪表現の使用率の順位は、「定型表現＋非定型表現」＞「非定型表現のみ」＞「定型表現のみ」の順である。日本語では、「定型表現のみ」による使用率（61％）が最も高いのに対し、中国語では

「定型表現＋非定型表現」の組み合わせによる使用率（57％）が最も高い。そして、「定型表現」を使わず、「非定型表現のみ」の使用率は中国語では29％を占めているのに対して、日本語では僅か3％しかない。すなわち、日本人と比べ中国人のほうが「非定型表現」をよく使う傾向があると言えるのではなかろうか。日本語では「定型表現」と「定型表現＋非定型表現」に使われている定型表現を合算すると、97％にも達している。日本語ではほとんどの場合に謝罪の「定型表現」を使用するが、中国語では異なる様相を表している。これは「中国人は謝らない」という誤解を生む原因の一つと理解してよいのであろう。中国人は謝らないわけではなく、相手に対する申し訳ない気持ちを他の表現で表し、日本と異なる文化や習慣を持っているのである。

8.5　謝罪の定型表現の使用場面

　住田（1992）は「本来の詫び、つまり陳謝としてはたらくものから、相手を煩わせたことに対するねぎらいとしてはたらくもの、また、問いかけ・依頼・断りの前置きとしてはたらくもの、あるいはまた、呼びかけとしてはたらくものなど、自由自在にとも言えるような詫びのあいさつことばのはたらくさまが見える」と指摘している。本稿において収集した謝罪表現の用例が、すべて詫びの場面で使用されているとは言えない。どのような場面で謝罪の言葉が発生しているかについて考察する必要がある。そこで、中田（1989）と陶（2005）の陳謝対象の分類を参考にし、今回収集したデータのうち謝罪の言葉が発生している場面を次ページの表 8-5 のように分類し、各場面の定型表現の用例数と比率を示す。

　表 8-5 のように、謝罪表現の使用場面を、「A 相手への損害、B 話し手の不適当な行為、C 代わりに謝る、D 断りに添えて、E 依頼に添えて、F 社交辞令・儀礼、G 注意喚起・呼びかけ、H 否定・不同意に添えて」に分類した。項目「C、代わりに謝る」は筆者が今回収集した用例の文脈に即して立てた新しい項目である。中田（1989）は「代理の陳謝では、対象

表 8-5　場面状況別に使用されている謝罪の定型表現

項目	日本		中国	
謝罪表現の使用場面	用例数	比率	用例数	比率
A、相手の損害：				
1　物質的損害（所有物の破損、汚損及び経済的損失）	7	4%	0	-
2　身体的損害（けが、病気など）	3	2%	0	-
3　精神的動揺（心配・残念・怒りなど）	8	5%	3	7%
4　迷惑・面倒	17	11%	4	10%
小計	35	22%	7	17%
B、話し手の不適当な行為：				
1　不適当な発言	12	8%	1	2%
2　誤解	2	1%	0	-
3　訪問・待ち合わせ（理由のあった遅刻、欠席など）	0	-	3	7%
4　エチケット違反（非常識な行動）	20	13%	15	37%
5　間違い（ミス）	4	3%	5	12%
6　不注意（ぶつかる、ものを落とす）	3	2%	1	2%
7　規則違反（仕事のデータを家に持ち帰ったなど）	3	2%	0	-
8　邪魔な行動（相手が何かをしているところに、自分から話しかけたり仲間に入ろうとする行動）	0	-	3	7%

9	嘘をつく	5	3%	0	-
10	無理な要求（普通以上のことを要求する）	3	2%	0	-
11	能力不足（自分の知識が足りない、仕事がまとまらないなど）	2	1%	2	5%
12	任務を果たさない（能力と関係なく義務が果たせない）	4	3%	0	-
13	支援しない・役に立たない（手伝ってあげない、力になれない）	8	5%	0	–
14	期待を無にする（期待に背く、予想を裏切られる）	1	1%	0	-
15	忘れる・気が付かない	3	2%	0	-
小計		70	44%	30	73%
C、代わりに謝る		14	9%	2	5%
D、断りに添えて		6	4%	1	2%
E、依頼に添えて		3	2%	0	-
F、社交辞令・儀礼		28	18%	0	-
G、注意喚起・呼びかけ		2	1%	0	-
H、否定・不同意に添えて		1	1%	1	2%
合計		159	100%	41	100%

は話し手自身の行為ではないので、やはり典型的陳謝とは呼べない」と述べ、代理の陳謝を陳謝対象の分類に入れていないが、本稿は「謝罪の言葉が発生している場面」を分類しているので、「代わりに謝る」を一つの「謝罪場面」として項目を立てた。そして、項目「A、相手への損害」に四つの下位分類を設けている。下位分類の括弧の中に挙げた具体例は筆者が先行研究を基にし、修正・追加したものである。また、項目「B、話し手の不適当な行為」の場面をさらに 15 種類の下位分類に細分化した。そのうちの B-4、8、9、10、13、15 は筆者が文脈に即して修正、または新しく立てた項目である。

　全体から見ると、日本語のビジネスドラマでは、謝罪表現が一番多く使用された場面は「B、話し手の不適当な行為」であり、全体の 44%（70 例）を占めている。第 2 位は、「A、相手への損害」であり、全体の 22%（35 例）に達している。第 3 位は「F、社交辞令・儀礼」であり、28 例で 18% となっている。その次は、「C、代わりに謝る」「D、断りに添えて」「E、依頼に添えて」「G、注意喚起・呼びかけ」「H、否定・不同意に添えて」の順になっている。一方、中国語のビジネスドラマでも、最も頻繁に謝罪表現を使う場面は「B、話し手の不適当な行為」であり、73%（30 例）という高い比率を示している。次は、「A、相手への損害」となっており、全体の 17%（7 例）を占めている。以下は、「C、代わりに謝る」「D、断りに添えて」「H、否定・不同意に添えて」の順になっている。「E、依頼に添えて」「F、社交辞令・儀礼」「G、注意喚起・呼びかけ」の場面は、今回の中国語ビジネスドラマの資料では用例が確認できなかった。ビジネス場面において、謝罪表現を使用する場面は中国語と比べ、日本語のほうがもっと多様であることが分かった。

　次に、謝罪定型表現のそれぞれの使用場面における日中の共通点・相違点について、用例を挙げながら考察する。

　1）「A、相手の損害」

　「相手の損害」には、物質的損害、身体的損害、精神的動揺、迷惑・面

倒という四つの下位分類が提示できる。一番多く使われた場面と二番目に
よく使われた場面について、日本語と中国語は同様の順であり、比率もほ
ぼ同様である。一番目は「迷惑・面倒」であり、日本語の場合は11%を
占めており中国語の場合は10%となっている。二番目は「精神的動揺」
であり、日本語の5%に対して、中国語の場合は7%となっている。「物
質的な損害」と「身体的損害」の場面において、今回のデータでは中国語
の用例が確認できなかった。「迷惑・面倒」と「精神的動揺」の場面につ
いて、具体的な用例を以下に掲げる。

例　①　（森美雪が自分と一緒に会社に入った派遣社員の大前春子に
　　　　電話）「迷惑・面倒」

森美雪：もしもし、森美雪です。今日で、契約打ち切られました。先
　　　　輩にはほんと、ご迷惑かけっぱなしで……

（『ハケン』第7話）

例　②　（マーケティング課のみんなが春子の誕生日のためケーキを
　　　　用意したが、春子に怒られた。賢介は怒っている春子に赤いバー
　　　　スデーカードを渡しながら言う）「精神的動揺」

賢介：気分を害されたのなら、謝ります。また叱られそうですけど、
　　　これみんなで書いたんです。

（『ハケン』第6話）

例　③　（非常に重要な注文を取るため、車雅尼が何時間もかけて于
　　　　志徳のいる都市へ追いかけ、二人が会った時の会話）「迷惑・面倒」

車雅尼：我要谢谢您，还专门派车来接我。（わざわざ運転手を迎えに
　　　　差し向けてくださって、ありがとうございます。）

于志徳：这么大冷的天，还让你专程跑一趟，我还不好意思呢。（こん
　　　　な寒い日に来てもらって、こちらこそ申し訳ないですよ。）

（『浮』第9話）

例　④　（何乗風の部下が本社に変なメールをしたことで怒っている
　　　　史蒂夫に説明するときの会話）「精神的動揺」

何乗風：現在是私人时间，<u>从朋友的角度，我要向你道歉</u>。并且我要让你明白，整个公司都非常需要你。（今はプライベートの時間なので、友達の立場から謝罪します。それと、会社全体があなたのことを非常に必要としているのを分かってほしいです。）

（『浮』第7話）

2)「B、話し手の不適当な行為」

「話し手の不適当な行為」に関する謝罪表現の場面は、中国語も日本語も共に一番頻繁に使われているが、この項目の下位分類を見ると、それぞれの特徴がある。

日本語の場合、一番多く使われている場面は「エチケット違反」で、20例で13%となっている。その次は「不適当な発言」で、12例で8%である。ほかの場面はほぼ均等に使われている。一方、中国語の場合、七つの場面に集中している。そのうち一番多く使われている場面は「エチケット違反」で、37%にも達している。二番目によく使われている場面は「間違い」(12%) となっている。その次は「訪問・待ち合わせ（遅刻、欠席など）」と「邪魔な行動」(両方とも7%)、「能力不足」(5%)、「不適当な発言」と「不注意」(両方とも2%) の順になっている。つまり、ビジネス場面において、日本語の場合、「話し手の不適当な行為」に関する謝罪表現の場面は多様であり、数多くの場面に分散しているのが特徴的である。中国語の場合、「話し手の不適当な行為」に関する謝罪表現の場面はいくつかの場面に集中しており、そのうちのほぼ半分は「エチケット違反」に集中している。選んだドラマのストーリーが限られているということもあるため、今回のデータには「話し手の不適当な行為」に関する謝罪表現の場面は少なかったのかもしれない。

次に、一番多く使われている「エチケット違反」に関する日中の違いを見てみたい。どのようなことをエチケット違反として認識するかはその国の文化によって異なる。今回用例を収集した資料から見ると、日本語ビジネスドラマでは、主に「会話の途中で退場する」、「突然の訪問」、「プライ

バシーに触れる」、「業務時間内に携帯の電源を切っていない」、「人の前で失態する」、「大声を出す」というエチケット違反の場面がある。中国語ビジネスドラマでは、主に「会話の途中で退場する」、「突然の訪問」、「遅刻する」、「会話の途中で携帯を見る・電話に出る」というエチケット違反の場面がある。これらの中国語のエチケット場面は日本語のエチケット違反場面とも一致しているが、日本語ビジネスドラマに出現したエチケット違反場面はすべて中国語のエチケット違反場面に一致するとは限らない。以下のような例がある。

　　例　⑤（賢介は感情が高ぶって春子にお願いをしたが、春子に断られ、
　　　店を去るときの会話）
　　　賢介：<u>大きな声を出してすみませんでした</u>。失礼します。

（『ハケン』第3話）

　　例　⑥（仕事時間内に、美雪の携帯が鳴る）
　　　春子：業務時間内は、携帯の電源を切っておきなさい！
　　　美雪：<u>すみません</u>……

（『ハケン』第7話）

　例⑤のように、日本の場合は、職場で大きな声を出すのが失礼なことでマナー違反となっている。この場合は日本人は謝罪表現を使用する。しかし、中国人はそれを謝るべき場面として認識していない。また、例⑥のような状況の場合、日本では業務時間内に携帯電話を切るか、またはマナーモードに設定した上、通話を遠慮しているが、中国の場合、逆に業務時間内に携帯電源をオンにするのは普通であり、取引先や業務関連会社などは会社の固定電話より担当者の個人の携帯にかけるのが一般的である。仕事関係でも個人の携帯番号を求めるのは非常に多い。以上のように、職場でのエチケットとして、日本の礼儀作法は中国と比べ、細かく確立されていると言えよう。

　3)「代わりに謝る」
　謝罪表現を使用するのは対象行為の責任者であるのが典型的であるが、

誰かの代わりに謝ることも見られる。この点は日本と中国のビジネスドラマ両方とも確認できた。しかし、謝っている人物と謝るべき行為を実際にした人物との関係を見てみると、日中の間に大きな違いがある。以下のような例がある。

例　⑦　（派遣会社の一ツ木が桐島部長に菓子折りを持ってくる）

　　　桐島部長：ありがたいけど、どうしたの？

　　　一ツ木：うちの森が、大切なコーヒーサーバーを壊してしまったようで、お詫びに上がりました。

（『ハケン』第2話）

例　⑧　（販売課の社員である匡子がマーケティングに所属する派遣社員の春子に書類の作成を依頼したが、春子に断られた。そこで春子の上司が謝る）

　　　匡子：役に立たないわね！もういいわ。

　　　賢介：すみません。

（『ハケン』第1話）

例　⑨　（賽思という会社の営業責任者が国営企業の技術責任者のクレーム電話に出て謝る）

　　　営業責任者陸帆：这件事我一定会查清楚的。我先代表赛思跟您道歉,真是不好意思。

　　　　　　（この件を徹底的に調査します。まず弊社を代表して
　　　　　　お詫びいたします。本当に申し訳ございません。）

（『浮』第15話）

例　⑩　（上海賽思に赴任した新しい責任者が朝礼で従業員達に前任の辞職に対して謝る）

　　　何乗風：各位好,首先我很抱歉程逸群先生的离职。他一直是我非常敬重的一位同事。

　　　　　　（みなさん、おはようございます。まず程さんの辞職に対して
　　　　　　申し訳ないと思います。前から彼はずっと私の非常に尊敬す

る同僚という存在でもあります。）

（『浮』第３話）

　日本語ビジネスドラマから抽出した例⑦と例⑧において、謝っている人物と謝るべき行為を実際にした人物との関係は、いずれも上下関係であることになっている。日本の「部下のミスは上司の責任」という企業文化はここで窺える。これに対して、中国語ビジネスドラマから抽出した例⑨と例⑩の場面において、前者は個人が会社の代わりに謝る行為をしている。後者は同じ役目の同僚の行為に対して謝っている。すなわち、ビジネス場面において、代わりに謝る際に、日本の場合は「上」が「下」の代わりに謝罪し、中国の場合は「上下関係」とならず、「所属関係」や「同等関係」など様々な場面で「代わりに謝る」を用いると考えられる。

　4)「D、断りに添えて」

　依頼、誘いまたは相手の好意を断る際に、相手にあまり強い印象を与えないように、謝罪表現を前置きとして、相手を気遣い、ダメージを最小限に抑えるように配慮する。今回収集したデータには日中ともにこのような用例が使用されている。

　例　⑪　（会社のランチタイム。同僚たちからのランチの誘いを断った
　　　　美雪）
　　　　美雪：ごめんなさい。私、行きません。みなさんに合わせて背伸び
　　　　　　　してたけど、２千円のランチ食べる余裕なんてないんです。

（『ハケン』第３話）

　例　⑫　（土井が病院の先生にプレゼントを渡し、先生が断る）
　　　　先生：不好意思，这个还是请您拿回去，我们不能收的。（すみませ
　　　　　　　んが、これ、やはりお持ち帰りください。私たちは受け取っ
　　　　　　　てはいけませんから。）

（『浮』第18話）

　謝罪表現が断りの前置きとして用いられることは日中に共通しているが、用例数に関して、日本語の場合は７例であり、中国語の場合は１例

しかない。

5)「E、依頼に添えて」、「F、社交辞令・儀礼」、「G、注意喚起・呼びかけ」

今回の中国語ビジネスドラマの資料では、「E、依頼に添えて」、「F、社交辞令・儀礼」、「G、注意喚起・呼びかけ」の用例が使用されていない。「F、社交辞令・儀礼」の場面は日本語ビジネスドラマでは 28 例使用され、全体の 18% を占めている。用例は下記の通りである。

例 ⑬ （契約期間の最後の出勤日に仕事が終わった時）

　　春子：契約終了しました。<u>お先に失礼します</u>。

（『ハケン』第 10 話）

例 ⑭ （真っ白い胴着を身に付けている春子は道場に入る時）

　　春子：<u>失礼します</u>。

（『ハケン』第 7 話）

例 ⑮ （春子が出産するあゆみのお腹に手を置く時）

　　春子：<u>失礼いたします</u>。

（『ハケン』第 6 話）

　日本語ビジネスドラマからの用例を見てみると、入室や退室、辞去する際や、他人に対して行動を起こす際に「失礼します」という言葉を基本的なマナーとして頻繁に使用していることが明らかになった。このような使い方は中国語では基本的に使用しないと言える。

　次に「G、注意喚起・呼びかけ」の場面を見てみる。住田 (1992) では、「すみません」は陳謝以外の場面（断り・依頼の前置き、呼びかけ、感謝の意）でも使われていると述べている。今回収集した日本語ビジネスドラマのデータでは「注意喚起・呼びかけ」の用例が 2 例使用されている。

例 ⑯ （春子は東海林が移動した名古屋営業所に尋ねる）

　　春子：<u>すみません、あの</u>、東海林さん、どちらですか？

（『ハケン』第 10 話）

例 ⑰ （デパートのチョコレートイベント会場で、春子の昔の同僚は自分が見た人は本当に春子かどうかと賢介に確かめる）

春子の昔の同僚：あの、すみません、あの方、大前春子さんでしょうか。

(『ハケン』第9話)

日本語の場合、「すみません」は他人に呼びかける際に、決まり文句として頻繁に使用されるが、中国語の場合、人の注意を引いたり、呼びかけたりする際に、謝罪の言葉を使用せず、「你好，请问～」と発言するのが一般的である。

そして、「E、依頼に添えて」の場面の日本語の用例を確認してみたい。

例　⑱　（賢介が春子に電話を掛けるようにとの依頼）

賢介：すみませんが、東海林さんに電話してみてくれませんか？

(『ハケン』第9話)

例　⑲　（社員の小笠原が派遣の美雪にみんなの分のコーヒーを買ってもらうように頼む）

小笠原：森ちゃん、悪いけどね、これで、みんなの分買ってきてくんないかな。

(『ハケン』第2話)

取り上げた例⑱と例⑲のように、日本では、他人に何かを依頼する際に、「すみませんが」、「悪いけど」などの謝罪表現を依頼の前置きとして使用していることが明らかになった。一方、今回は「依頼に添えて」の場面において中国語の用例が確認できなかった。この点から、中国では謝罪表現をほとんど依頼の場面で使用しないことが推測できよう。蘇 (2008) も、「まず、家族や親しい友人に対して基本的には使われていない。さらに、目上の者が目下の者に何かさせる際、詫びの言葉を使う習慣は中国ではほとんどない。中国ではそのような場面で、感謝や懇願の気持ちを表現することや、「今度、また何かしてあげる」と対価の申し出をするなどのストラテジーを使って、依頼を行うことが多い」と論じている。

6)「H、否定・不同意に添えて」

「H、否定・不同意に添えて」の場面に謝罪表現を使う用例は中国語ビジネスドラマだけに使用されているが、用例数は極めて少なく1例しか

見られない。以下の例がこの場合に相当する。

例　⑳　（中華料理店で喬莉が店員にナイフとフォークがあるかどうか
　　　　を聞いたところ）

　　　店員：对不起，小姐，我们这是中餐厅。

　　　（すみません、お客様、うちは中華料理店ですが。）

（『浮』第13話）

　ここで、もう一つ言及したいところがある。先行研究でよく書かれている「すみません」が「感謝の意」を表す特徴であることである。今回のデータでは、日中とも「感謝の意」という場面の用例が使用されていない。日本語において、謝罪表現が「感謝」の場面で使われる点が日本語の謝罪表現の一つの特徴とも言われている。しかし、今回のビジネスドラマにおいて1例もないということは、ビジネス場面では謝罪言葉を感謝の意としてあまり使用しないことが反映していると解せられるだろうか。それとも、たまたま今回選んだビジネスドラマはこのような使い方が入っていないのか。この点については、また大量なデータを集め、さらに分析する必要がある。

8.6　謝罪の非定型表現におけるストラテジーの分類と使用

8.6.1　非定型表現のストラテジーの種類

　非定型表現は「付加表現」や「定型表現以外のストラテジー」とも言われている。非定型表現の使用は、詫びのストラテジーとして研究されている。例えば、池田 (1993) は、謝罪のストラテジーの内容について、「明確な謝罪の表明」、「説明・弁明」、「責任承諾」、「補償の申し出」、「相手の攻撃弱化」の5種類に分類し、日英における差異について考察している。また、中国語の謝罪のストラテジーの内容に関して、譚 (2001) は以下の八つに分けている。「直接謝罪行為」、「解釈と弁解」、「責任承諾」、「補償の申し出」、「保証」、「聞き手への関心・配慮」、「責任回避」、「自分を第三者扱い」

である。「明確な謝罪の表明」と「直接謝罪行為」はほとんど「定型表現」
と同じ形であり、その他のストラテジーは「非定型表現のみ」の形となっ
ている。本稿では、詫びの場面 (表 8-5 の A と B の場面) における非定型
表現のストラテジーを中心に考察する。

　池田 (1993) と譚 (2001) の謝罪のストラテジーの分類を参考にし、今回
収集したデータにおける謝罪の非定型表現のストラテジーを次の表 8-6 の
ように分類し、各項目のストラテジーの使用件数と比率を示す。

表 8-6　非定型表現のストラテジーの使用状況

ストラテジーの種類	日本語		中国語	
明確な謝罪の表明	47	44%	29	30%
説明・弁明	11	10%	19	20%
責任承認	34	32%	22	23%
補償・保証の申し出	7	7%	1	1%
許しの乞い求め	1	1%	1	1%
攻撃弱化	7	7%	22	23%
反省	0	0%	1	1%
提案	0	0%	2	2%
ストラテジーの合計数	107	100%	97	100%
用例数	53	＊ 202%	46	＊ 211%

＊注：これらの百分率はストラテジーと用例数との比率で、ストラテジーの使用頻度を表わ
　　している。非定型表現の使用において、話し手が複数のストラテジーを組み合わせて謝罪の
　　意を表すことがあるため、非定型表現のストラテジーの合計数と用例数の比率は 100％を超
　　えている可能性がある。

表 8-6 のように、非定型表現のストラテジーを、「明確な謝罪の表明」「説明・弁明」「責任承認」「補償・保証の申し出」「許しの乞い求め」「攻撃弱化」「反省」「提案」の 8 種類に分類した。「許しの乞い求め」、「反省」と「提案」は筆者が今回立てた新しい項目である。

表 8-6 に示したように、日中のビジネスドラマの謝罪の非定型表現において、日本語の場合は、用例数が 53 例、ストラテジーの使用件数が 107 件に対して、中国語の場合は、用例数が 46 例で、ストラテジーの使用件数が 97 件となっている。また、ストラテジーの使用頻度から見ると、中国語 (211%) は日本語 (202%) より謝罪のストラテジーを頻繁に使用していると考えられる。次に、ストラテジーの使用について、中国語の場合、主に「明確な謝罪の表明」「責任承認」「攻撃弱化」「説明・弁明」に集中しており、一番多く使用されているストラテジーは「明確な謝罪の表明」であり、使用率は 30% である。次いで「責任承認」と「攻撃弱化」はともに 2 位になっており、それぞれ 23% を占めている。第 3 位は「説明・弁明」であり、20% となっている。一方、日本語の場合は「明確な謝罪の表明」と「責任承認」との 2 種類に集中しており、一番多く使用されているストラテジーは中国語と同じように「明確な謝罪の表明」となっている。しかも 44% の圧倒的に高い使用率を示している。「明確な謝罪の表明」はほとんど「定型表現」の形となっているため、「日本人はよく謝る」というイメージ形成されているのであろう。次いで「責任承認」であり、全体の三分の一を超え 32% を占めている。第 3 位も中国語と同様で「説明・弁明」となっており、全体の 10% を占めている。日中の非定型表現のストラテジーの使用実態を視覚的に見て取るため、表 8-6 の内容を次ページの図 8-1 で示す。

8.6.2　非定型表現のストラテジーの使用における日中の相違点

図 8-1 に示したように、謝罪の非定型表現の使用において、「明確な謝罪の表明」と「責任承認」の使用は全体を通して日中ともによく使われる

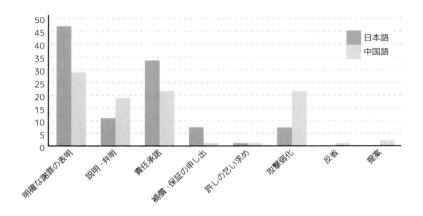

図 8-1　非定型表現のストラテジーの使用状況

ことが明確になった。この二つのストラテジーが職場での謝罪の基本であると考えられる。「補償・保証の申し出」と「許し乞い」は日中ともに低い比率を示している。

日中ビジネスドラマの謝罪表現のストラテジーについて、共通している点があると同時に、かなりの異なる点も見られる。

1)「攻撃弱化」

「攻撃弱化」というストラテジーは、「謝罪の対象の内容や前提となる事柄を疑問視したり、話題をそらせたりすることによって、謝る事態や状況を避けようとする」(池田 1993) ことや、「話し手が婉曲表現を使ったり、相手を慰めたりするようなこと」や、「また、尊敬や親しい呼称を使って、相手の認めや許しを求めること」(趙 2009) などを含む。

このストラテジーの使用について、今回収集したデータでは、中国語の用例は 22 例あり、全体の 23% を占めており、比較的高い使用率を示している。日本語より頻繁に使用されていることが分かった。具体的な用例は下記の通りである。

例　㉑　（会社の倒産を宣言し、社員を解散したばかりの社長陸帆からのお別れの気遣いに対し、女性社員が「では、また明日」とつい返してしまった。）

社員：老板，这是档案柜的钥匙和门禁的钥匙。（社長、これはファイルキャビネットの鍵とゲートの鍵です。）

陸帆：那个，回去路上小心，注意安全。（えっと、帰りには気をつけてください。）

社員：老板明天见。<u>老板，我不是有意的。</u>
　　　　　　　　攻撃弱化

　　（社長、また明日。社長、私はわざとではないんです。）

陸帆：没事。（大丈夫。）

（『浮』第2話）

例　㉒　（喬莉はプロポーズされ、彼氏から指輪をもらった。翌日、会社で同僚の親友に見せたら、ダイヤモンドが小さすぎて見えないとからかわれた。）

親友：这戒指呢，我确实是看见了，可是这钻在哪呢？

　　　（この指輪は確かに見えたけど、ダイヤモンドはどこなの？）

喬莉：我就知道你说不出什么好听的。（说完转身就走）

　　　（いい言葉が出ないと思ったよ。（向きを変えてその場を離れる））

親友：（追上去）<u>好啦好啦，还是可喜可贺的嘛。</u>
　　　　　　　　　　攻撃弱化

　　（（追いかけ）分かった、分かった、やっぱりおめでたいことだね。）

（『浮』第2話）

例　㉓　（給湯室。美雪と春子がお茶の準備をしている）

春子：臭い！

美雪：あ…すみません。<u>香水匂います？</u>
　　　　　　　　　　攻撃弱化

春子：匂います。

(『ハケン』第3話)

　上の例㉑は、話し手は呼びかけをして、尊敬の気持ちを示し、相手との人間関係を修復しようとしている。例㉒は、話し手は明るい局面に言及することによって、相手への攻撃を弱化している。例㉓は、謝罪の対象・前提に対する疑問表明により謝る事態や状況を確認している。今回収集した「攻撃弱化」のストラテジーは、日中ともに主に「呼びかけ」に集中しているが、中国語では主に目下が目上の人物に対して多用している。日本語では目下が目上の人物に対する用例が使用されておらず、逆に目上が目下に使うケースがある。それ以外は同僚の間、親しい関係の人に使っている。

　2)「説明・弁明」

　「説明・弁明」のストラテジーは、自分自身のミス・不足などについて発生する原因・理由・状況を説明したり、故意にその事態を招いたのではないということを説明したりすることにより、相手の理解や許しを求める方略である。中国のビジネスドラマには「説明・弁明」は19例あり、全体の20%となっているのに対して、日本のビジネスドラマは11例で10%となっている。中国人は日本人より「説明・弁明」のストラテジーを頻繁に使用していることが示されている。これは「中国人がよく言い訳をする」というマイナスイメージになる一つの原因であろう。以下のような用例がある。

　例　㉔　(陸帆は約束の時間に遅れて、喬莉に謝る。)

　　陸帆：不好意思，<u>一个年前的销售会议拖得我走不了。</u>

説明・弁明

　　(ごめん、正月前の営業会議に足を引っ張られてさ。)

(『浮』第15話)

　例　㉕　(仕事中おにぎりにかぶりつく浅野が春子に睨みつけられる。)

　　浅野：すみません。<u>寝坊して朝飯食いそびれちゃって。</u>

説明・弁明

（『ハケン』第5話）

3）「補償・保証の申し出」

「補償・保証の申し出」というストラテジーは、話し手が相手に被害を与えたことに対して、何らかの形でその被害を補償しようと考えたり、または再発防止の約束や、関係修復の決心などを行ったり、積極的な姿勢を相手に見せ、相手との関係改善を図る方略である。日本語のビジネスドラマにおいて、「補償・保証の申し出」の用例は7例あるが、中国語のビジネスドラマでは1例しかない。

例　㉖　（東海林がシルスマリオというブランドのチョコレートを約束
　　　　通りに売れなくて、部長に怒られる。）

桐島：シルスマリオを怒らせたら、春の新商品の話はどうなるんだ！？

東海林：土下座してきます！　絶対関係修復してきます！
　　　　　補償　　　　　　　　保証

（『ハケン』第6話）

例　㉗　（美雪は調子の悪いコーヒーサーバーを叩いてみたところ、壊
　　　　れてしまった。そこへ匡子がやって来た。）

匡子：あんたはこの間から大事なデータは無くすし、ほんっと疫病神
　　　ね。どうするつもり！？

美雪：弁償します！
　　　　補償

（『ハケン』第2話）

例　㉘　（晶通という国営企業は経営状態が悪いため、福利厚生として
　　　　従業員達の住んでいる団地の暖房供給を止めた。従業員の家族達
　　　　は不満を抱き、みんなが集まって抗議しているところ、工場長の
　　　　王貴林がやってきた。）

王貴林：是我没本事。能想到最后的办法呢，就是把厂区的锅炉停了，
　　　　给家属区供暖。
　　　　　　　　　補償

（私が能力不足だ。思いついた最後の方法は、工場の生産ボイラーを止めて住宅団地に暖房を送ることだ。）

（『浮』第 1 話）

4)「反省」と「提案」

「反省」というストラテジーは、話し手が自分の起こした不快な状況に対して反省することによって、相手の許しをもらい、人間関係を回復するストラテジーである。「提案」は、今後について良好な関係を保持することを希望する「改善策の提示」というストラテジーである。この二つのストラテジーは、今回の収集したデータにおいて、中国語のビジネスドラマでは「反省」が 1 例、「提案」が 2 例使用されているが、日本語のビジネスドラマでは使用されていない。中国語の用例を以下に挙げる。

例　㉙　（注文を取るため国営企業の晶通社の工場長に接しようとしている喬莉は、工場長を困らせて、辞めることを覚悟した上で大泣きしながら工場長を非難した。しかしその後、喬莉は上司から製品の説明を工場長にするように指示され、また工場長のところにいかなければならなかった。そこで、仲直りしようとする喬莉。）

喬莉：王厂长，刚才咱们之间可能有点小误会，<u>咱们重新开始吧</u>。

提案

（王工場長、さっき私達はちょっと誤解があったかもしれませんので、最初からやり直しましょう。）

（『浮』第 5 話）

例　㉚　（賽思社は晶通社にシステムのソフトウエアを売ろうとし、商品説明会を開催したが、晶通社の社員達は新しいシステムの導入によりリストラされるかもしれないと思ってそれに反対し説明会で抗議活動をした。商品説明会を開催する責任者はこの失敗に対して、上司に反省の意を示した。）

陆帆：<u>这件事情我会反省</u>。（この件に関して、反省いたします。）

（『浮』第 24 話）

5）複数のストラテジーの併用

　非定型表現の使用において、話し手が複数のストラテジーを組み合わせて謝罪の意を表すことができるため、非定型表現のストラテジー合計使用数と用例数の比率は 100% を超えている可能性がある。例えば、例㉜の場合、1 例の用例に非定型表現のストラテジーは四つも使われている（「明確な謝罪の表明」、「攻撃弱化」、「責任承諾」と「説明」）。したがって、この用例の非定型表現のストラテジーの使用数と用例数の比率は、4 ÷ 1 × 100% の 400% になり、100% を超えるということである。表 8-6 で示したように、中国語のビジネスドラマでは、非定型表現のストラテジーの使用頻度は 211% となっているのに対して、日本語のビジネスドラマでは非定型表現のストラテジーの使用頻度は 202% である。この数値の差から、中国人は日本人に比べ、謝罪する際、同時に多様なストラテジーを使う傾向があると判断できる。日本人は、より単一の謝罪のストラテジーを使う傾向があると言えよう。

　今回収集した日本ビジネスドラマの用例は 2 種類以下のストラテジーの使用がほとんどであり、3 種類のストラテジーの使用は 6 例しかない。一方、中国語のビジネスドラマの用例は、逆に 3 種類以上のストラテジーの使用が非常に多く、単一のストラテジーの使用が 6 例しかない。この点は日中の謝罪の仕方における大きな異なりと言えるであろう。具体的な用例は次の通りである。

　例　㉛　（美雪が仕事のファイルを家に持ち帰って、翌日にタクシーで
　　　　　出勤しファイルをタクシーの中に忘れた。上司に謝る美雪。）
　　　美雪：本当に申し訳ありません。急いで探してきます！
　　　　　　　明確な謝罪の表明　　　＋　　　補償

　　　　　　　　　　　　　　　　　　　　　　（『ハケン』第 1 話）
　例　㉜　（賽思社は商品説明会を開催する申請を本部に提出するため、
　　　　　顧客の要望が書かれているメールが必要となっており、先方の技術責
　　　　　任者にメールの依頼をする。）

喬莉： <u>真是不好意思，</u> <u>方总工，</u> <u>让您百忙之中还得抽出时间来帮</u>
　　　明確な謝罪の表明　＋　攻撃弱化　＋　　責任承諾　　＋

<u>助我们，但是会议的审批流程里边必须有这样一封邮件。</u>
　　　　　　　　　　　説明

（方技師、お忙しい中お時間を割きサポートをしていただき、本当に申し訳ございませんが、会議の審査の流れにはこのようなメールが必要となっていますので。）

（『浮』第 7 話）

　例㉛は、日本ビジネスドラマの用例で「明確な謝罪の表明」と「補償」との二つのストラテジーを使用している。例㉜は、中国ビジネスドラマの用例であり、ストラテジーが四つも使われている（「明確な謝罪の表明」、「攻撃弱化」、「責任承諾」と「説明」）。

8.7　まとめと問題点

　本章は、日中ビジネスドラマにおける謝罪表現の用例を収集し、日中ビジネス場面の謝罪表現について考察を行った。以下のような点が明らかになった。

　共通点としては、場面状況別に使用されている謝罪の定型表現を考察した結果、日中ともに定型表現は詫び以外の場面で使われているところである。相違点について、以下の 3 点にまとめた。

　1）謝罪表現の使用を「定型表現」のみの使用、「非定型表現」のみの使用、「定型表現＋非定型表現」の組み合わせの使用の三つのパターンに分けて考察した結果、中国人は「定型表現＋非定型表現」を使用し謝罪することが多いが、日本人は「定型表現」のみの使用が圧倒的に多い。また、中国人は日本人に比べ、「定型表現」を使わず、「非定型表現のみ」を使用するのが多いと見られる。

　2）日中ともに謝罪の定型表現は詫び以外の場面で使われているところが共通しているが、日本語では謝罪の定型表現は中国語より多くの意味を

表し、様々な場面で頻繁に使用されている。具体的なビジネス場面での使用を見ると、日本人が謝罪行為をよく発する場面は「エチケット違反」、「迷惑・面倒」、「不適当な発言」であるのに対して、中国人が謝罪表現をよく発する場面は「エチケット違反」、「間違い」と「迷惑・面倒」である。また、「代わりに謝る」、「断りに添えて」、「依頼に添えて」、「社交辞令・儀礼」、「注意喚起・呼びかけ」などの場面でのいくつかの謝罪表現が日本語のほうが表現が豊富であることが明らかになった。

　3）非定型表現のストラテジーの使用について、中国語の場合、「明確な謝罪の表明」「責任承認」「攻撃弱化」「説明・弁明」に集中しているのに対して、日本語の場合は「明確な謝罪の表明」と「責任承認」との2種類に集中している。しかも「明確な謝罪の表明」は44％の圧倒的に高い使用率を示している。また、中国人は日本人に比べ、謝罪する際、同時に多様なストラテジーを使う傾向があり、日本人はより単一の謝罪のストラテジーを使う傾向がある。

　今回の考察には、対象にしたビジネスドラマは2本しかなかったため、謝罪表現を「感謝の意」として使用する用例が確認できなかった。また、今回は謝罪表現を「人間関係」の違いにより使用状況を分析することまで行っていない。今後、更に多くのビジネスドラマのデータを集め、用例を増やし、もっと詳しく分析する必要がある。

第9章　ビジネスドラマを用いた授業の試案

9.1　はじめに

　本論文の第3章「中国に進出した日系企業の求める人材像に関する分析」では、日系企業に対してアンケート調査を行い、企業の日本語人材に関するニーズを下記のように明らかにした。

　「日本語能力」はもちろんのことであるが、言語知識だけではなく、言語以外の知識や技能を教え、日本の社会・日本人の考え方、企業文化を理解してもらい、ビジネス日本語を活用してコミュニケーションができるビジネスパーソンの育成が要求されている。また、社会人としての行動能力の教育も多くの企業に求められている。

　日系企業のこのようなニーズに対応するため、大学で如何に実現可能な日本語授業を行うかについて、本章で「ビジネス日本語」という科目を例に検討してみたいと思う。

9.2　先行研究

　外国語の学習はただ「聞く・話す・読む・書く」といった4技能を身につけることだけでは不十分である。「国際理解や国際交流の観点から見れば、その背景にある文化までをも視野に入れて学習することが重要である」[70]。しかし、海外で日本語を学習する環境下では、日本人と接するチャンスがめったにないため、実際に日本語を使う機会や日本文化に触れるチャンスが少ない。この問題を克服するには、ドラマなどの映像教材を使

70　呉承和（2011）「大学における第二外国語の日本語授業への一試案―映像教材およびアニメの使用―」

うことが有効な手段でもあると考える。ドラマなどの映像教材を利用することによって、日本人の考え方や日本文化への理解が深まることが期待できる。

高橋 (2006) はテレビドラマを教材とし、場面描写、登場人物の心情描写を行う活動、あらすじなどを伝える活動を通して、口頭による伝達能力、口頭表現力などの多面的能力養成を目指した授業活動を紹介している。

吉村 (2010) は豊橋技術科学大学工学部留学生を対象に豊かな人間性を育むことを目標として実践した映画を用いた日本語授業を報告している。「学生たちは映画の日本語を聞き取り、表情・心情や人間関係を読み取り、日本の文化・社会を理解し、母国の言語・文化・社会を再認識したことが明らかになった」と述べている。

また、小室 (2009) は、日本語教育における映像素材の使用について概観し、中上級の学生を対象に、映像素材を用いた授業の実践例を紹介している。そして、梁 (2008) は日本語上級者 (25 名) の学生を対象にドラマ「ハケンの品格」を利用し、様々な文末表現の使い方と、相手・話題の人物と話し手との関係、場面や話題によって異なる語彙・表現の使い分けを学習させている。

以上の先行研究から見ると、ドラマのような生きた映像の教材としての使用範囲は、語彙・表現だけでなく、会話練習と聴解、さらに日本の文化・社会への理解にも活用できることが明らかになった。ドラマを教材とする授業は、目的別に絞り使用することができ、多面的な使用も可能だと考えられる。

9.3 テレビドラマの使用による「ビジネス日本語」授業の試案

9.3.1 利用するテレビドラマ

2013 年 7 月 7 日から 9 月 22 日まで TBS 系「日曜劇場」枠で放送された「半沢直樹」を選定した。「半沢直樹」は、池井戸潤による小説「半沢

直樹シリーズ」のテレビドラマ化作品であり、同作の主人公の名称である。
『オレたちバブル入行組』をベースとする第一部・大阪西支店編と、『オレ
たち花のバブル組』をベースとする第二部・東京本店編の二部で構成され
ている。このドラマはバブル期に大手都市銀行「東京中央銀行」に入行し
た銀行員・半沢直樹が銀行内外の人間や組織による数々の圧力や逆境と戦
う姿を描くドラマである。

　「半沢直樹」は、時代の設定が2013年となっており、現在のビジネス
場面の言語活動における日本語の表現が反映され、多くの敬語表現もみら
れ、話し手と聞き手の立場や年齢などに応じて多様な敬語表現をしている。
そして、日本の文化、社会的な説明などの要素が含まれているため、教材
として取り入れたいと思う。

9.3.2　学習目標

　日系企業の日本語人材に関するニーズを参考にし、今回、ドラマ教材の
使用を通じて、それぞれの学習者が「ビジネス日本語」授業で、何を学び、
どんな学習効果が期待できるかについて、以下のように目標を設定した。
　①文型・表現の学習
　②様々な敬語表現の学習
　③日本の文化、企業の文化への理解
　④日本人の考え方、仕事に関するコミュニケーションへの理解
　⑤ディスカッションやグループ発表による社会人としての行動能力の
　　訓練

9.3.3　授業の実施時間と内容

　T大学の日本語専攻の4年生（25名）を対象とし、テレビドラマを使
用した「ビジネス日本語」の授業を行う。本来は、一学期（15週の30コマ）
に亘って、授業の試案を行わなければならないが、時間の制限があるため、
1ヶ月をかけて、8コマの授業の試案を行うことにした。8コマを4週間

に分けて、週2コマの授業を行う。1回目は、「依頼」に関する学習、2回目は「敬語」に関する学習、3回目は「社会文化・企業文化」に関する学習、4回目はグループ発表となる。

　実施期間について、2015年10月19日から11月19日までの1ヶ月を予定している。

9.3.4　授業の進め方

◆1回目（1、2コマ）―　50分/コマ×2　（「依頼」に関する学習）

　①導入　15分

　　・授業の試案に関する背景、理由及び目的を説明する。

　　・授業のやり方と4回の学習内容を簡潔に紹介する。

　　・依頼の文型と構成を復習する。（質問しながら学習者に思い出させる）

　②ドラマを視聴する　合計50分

　　ドラマの概要と登場人物を紹介する。　5分

　場面1と場面2を視聴する　15分　（半沢直樹・第6話）

　場面1 （東京中央銀行本部営業第二部の部長の内藤は次長の半沢に常務との会食を依頼するシーン）

　　半沢：おはよう。

　　社員一同：おはようございます。

　　半沢：よし、いつもどおり目標分、始めよう。

　　ナレション：半沢は、飛ぶ鳥を落とす勢いで実績を積み、行内にその存在感を示すようになっていった。全てが順風満帆に思えたが…

　　内藤：半沢　ちょっといいか？

　　半沢：はい。

　　内藤：まだだ。お前にご執心の大和田常務がぜひ会食したいと言ってきてる。そういうつきあいを好まないのはよく分かってるが、さすがに3回目のお誘いだ。そろそろ俺も断り切れなくてな。

すまんが、今回だけ俺の顔を立ててくれ。

　場面１を１回視聴させた後、「＿＿＿＿」の部分を空欄にしたスクリプトを配布する（難しい単語に振り仮名をつけてある）。その後、また２回視聴させ、空欄を埋めてもらう。場面１を見終わった後、まず、学習者にどこが依頼の「前置き」か、どこが「事情の説明」かをスクリプトをみながら回答してもらう。次に、依頼表現でも、話し手の地位が聞き手より上位である場合、命令になることもある。この点を説明するのに、場面２を視聴させる。

場面２ （部長の内藤が次長の半沢に仕事の指示をするシーン）

　半沢：120億!?

　内藤：運用失敗による損失が確定的になった。

　半沢：伊勢島ホテルがですか？しかし、あそこは先日うちから200
　　　　億の融資をしたばかりでしょう。

　内藤：担当の時枝は同期だったな。

　半沢：ええ、出身は東京第一銀行ですが。

　内藤：残念ながら、今回の件で外されることになった。半沢、お前に
　　　　担当してもらいたい。早急に120億の損失穴埋めとホテルの
　　　　経営再建案を検討してくれ。

　スクリプトを見ながら、２回視聴する。場面２は命令で、場面１は依頼であることを認識させる。

場面３を視聴する　15分　（半沢直樹・第６話）

　　　（近藤が東京中央銀行京橋支店へ融資の依頼をしに行ったが、古里
　　　に追い返されたシーン）

　古里：だからさ、この数字の根拠はどこからくるのかって、聞いてる
　　　　んだよ。何度も言わせるなよ。まったく。

　近藤：社長と営業担当にヒアリングして作りました。現状では、それ
　　　　以上の予測はできません。

　古里：大体、中期計画書もないんじゃね。

近藤：計画書は社長と練り直してるところです。次回までにはお持ちできると思いますので、これで何とか融資を。

古里：これじゃ無理だね。やり直し。

近藤：お待ちください。今月末までに、融資をしていただかないと、うちは立ち行かなくなってしまいます。直すところは直します。ですから、どうか これで融資を通していただけませんか。このとおりです。

古里：近藤さん、あなた、それでも元銀行員ですか？みっともない。

　場面3の説明をした後、1回視聴させ、「＿＿＿」の部分を空欄にしたスクリプトを配布する（難しい単語に振り仮名をつけてある）。その後、また2回視聴させ、空欄を書き埋めてもらう。場面3を見終わった後、学習者に場面1と場面2と比べながら、依頼表現の違いを言わせる。

　ここでの指導ポイントは、話し相手によって依頼表現が違ってくること（丁寧度の違い）を提示することである。すなわち、目上の人や恩恵を与える側に対して「〜していただけませんか」と使い、部下に「〜してくれ」という使い分けがあることを学習者に理解させる。

場面4を視聴する　15分　（半沢直樹・第7話）

大和田常務：ちょうどよかったよ。半沢君、君も同席しなさい。伊勢島ホテルの担当としてね。

湯浅社長：大和田常務、ご無沙汰しております。

大和田常務：こちらこそ 日にちが随分と空いてしまって申し訳ない。本来なら もっと早く駆けつけて、御社の窮地を救いたいと思っておりましたが、常務ともなると、なかなか小回りが利かなくていけません。

湯浅社長：この度の件では、色々とご迷惑をおかけしております。

大和田常務：何を水くさいことを。今日はそのことでまいりました。

湯浅社長：といいますと？

大和田常務：まあ、正直、今のままでは苦しい。ナルセンがあのよう
　　　　　　なことになってしまった今、金融庁検査を乗り切ることはで
　　　　　　きません。何か打開策がおありかな？

大和田常務：君はあるのかね？　私にはある。湯浅さん、率直に申し
　　　　　　上げる、経営体制の変更をお願いしたい。実は金融庁の黒崎
　　　　　　主任検査官には既に打診をしてある。一族経営を捨てて、新
　　　　　　しい可能性を模索するなら、分類するかどうかの判断を来期
　　　　　　１年間猶予してもらえることになっている。

湯浅社長：私に退けと…

半沢：お待ちください、常務。

大和田常務：心配には及びませんよ。社長、後任には、このホテルの
　　　　　　ことを誰よりもよく分かっている羽根専務に就いていただく。

羽根専務：先代より、お仕えしてきた私がこのような形で、後を引き
　　　　　　継ぐのは大変心苦しいことですが、これも、伊勢島の名を守
　　　　　　るためです。ご了解いただけますよねえ。

半沢：伊勢島の担当は私です。私は何も聞いておりません。

大和田常務：大丈夫、それなら問題ないよ。半沢君、君には今日付け
　　　　　　で担当を外れてもらうから。今まで本当にご苦労さま。あと
　　　　　　のことは安心して、私にお任せください。

半沢：納得できません。私は湯浅社長の退陣には反対です。

大和田常務：だったら、君は私の提案以外にこの伊勢島ホテルを救う
　　　　　　方法を持ってるのかね？口だけじゃ、伊勢島も、うちの銀行
　　　　　　も潰れてしまうよ。

半沢：もう少しだけ時間をください。必ず私が責任を持って伊勢島ホ
　　　　　　テルを再建する方法を見つけます。湯浅社長は誰よりも伊勢
　　　　　　島ホテルの再建に尽力され、自ら一族経営の悪習を断ち切ろ
　　　　　　うと努力されています。私は銀行員として、湯浅社長こそこ
　　　　　　れからの伊勢島ホテルに必要な方だとそう確信しております。

湯浅社長：半沢さん…

大和田常務：分かりました。だったら、土下座でもしてみるか。前にも君は言っていたよね。地べたをはってでも、土下座をしてでも、この伊勢島ホテルを立て直してみせるとね。さあ、私に君の覚悟を見せてくれ。できないのかね？

（父ちゃん 父ちゃん！父ちゃんッ 父ちゃん！父ちゃんッ！）

湯浅社長：半沢さん、やめてください。

半沢：もう少しだけ時間をください。お願いいたします。

　場面4の説明をした後、1回視聴させ、「＿＿＿」の部分を空欄にしたスクリプトを配布する（難しい単語に振り仮名をつけてある）。その後、また2回視聴させ、空欄を埋めてもらう。場面4は直接の依頼を述べるシーンが多く、「～ください」という依頼表現の学習になる。

　場面4を通じて、依頼に伴う非言語行動も重要であることを理解してもらいたい。例えば、半沢の語気、表情、行動（土下座）など間接的な依頼表現を使うことも大切であると学習者に意識してもらいたい。

③　ディスカッション　20分

　場面1から場面4を見終わって、学習者に下記の質問を提示する。グループごとにディスカッションをさせ、その結果を発表してもらう。

　質問：日本人は依頼する時、どのような特徴がありますか。中国と比較してどのような違いがありますか。

④　知識のまとめ　10分

　教員が今回の授業のポイントと知識をまとめる。

⑤　疑問回答　5分

◆2回目（3、4コマ）― 50分/コマ×2　（「敬語」に関する学習）

①導入　15分

・敬語の分類を復習する。（質問しながら学習者に思い出させる）

・どのような時に謙譲語または尊敬語を使うかを学習者に言わせる。

②ドラマを視聴する　合計 50 分

場面5を視聴する　15 分　（半沢直樹・第6話）

（東京中央銀行の重役会議で、営業第二部の課長の内藤が頭取の中野渡に報告するときの会話）

内藤：伊勢島ホテル担当の半沢次長より融資した 200 億の即時返済を要求するための合意を頂戴したいとのことですが、ご検討をお願い申し上げます。

中野渡：営業部としての見解は？

内藤：即時返済を希望しております。私も同意見ですね。ふさげる傷口はふさいでおいたほうが得策であると考えます。

中野渡：今 200 億を引き揚げて、伊勢島は大丈夫だろうか。

内藤：半沢次長はいったん全額を引き揚げ、再稟議した上で、適正な額を融資すべきだと申しております。

中野渡：そうか。では…

　場面5を1回視聴させた後、「＿＿＿＿」の部分を空欄にしたスクリプトを配布する（難しい単語に振り仮名をつけてある）。その後、また2回視聴させ、空欄を埋めてもらう。場面5を見終わった後、学習者にこの会話に使った敬語は何の敬語か、なぜこの敬語を使うかを回答してもらう。

　ここでの指導ポイントは、このような上司・部下の「上下関係」では、部下が上司に対して敬語を使うのが基本的であることを学習者に理解させるところである。

場面3を視聴する　10 分　（半沢直樹・第6話）

（1回目の授業で使った場面3をもう1回使用する。ただし、空欄は異なる箇所に設定する。）

古里：だからさ、この数字の根拠はどこからくるのかって、聞いてるんだよ。何度も言わせるなよ。まったく。

近藤：社長と営業担当にヒアリングして作りました。現状では、それ

以上の予測は<u>できません</u>。

古里：大体、中期計画書もないんじゃね。

近藤：計画書は社長と練り直してるところです。次回までには<u>お持ち</u><u>できる</u>と思いますので、これで何とか融資を、

古里：これじゃ無理だね。やり直し。

近藤：<u>お待ちください</u>。今月末までに、融資を<u>していただかないと</u>、うちは立ち行かなくなってしまいます。直すところは直しますから、どうか これで融資を<u>通していただけませんか</u>。

　場面3を1回視聴させた後、「＿＿＿」の部分を空欄にしたスクリプトを配布する（難しい単語に振り仮名をつけてある）。その後、もう1回視聴させ、空欄を埋めてもらう。場面3を見終わった後、学習者にこの会話に使った敬語は何の敬語か、どのような関係による敬語の使用になっているかを回答してもらう。

　この会話の場面では、古里は「内と外の関係」より「立場の関係（恩恵授受など）」という社会的ファクターで言葉づかいを選んでいるので、近藤に敬語を使っていない。一方、近藤はお金を貸してほしいと頼みに来て、古里から恩恵を受ける側に属す。近藤は「立場の関係（恩恵授受など）」、「内と外の関係」から考えると、古里に敬語を使用していることを学習者に理解させる。

[場面6を視聴する]　15分　（半沢直樹・第6話）

（東京中央銀行本部の奥様会での会話）

岸川夫人：今日初めて、半沢次長の奥様が<u>来てくださいました</u>。同じ旧産業中央出身の妻同士末永く<u>お付き合い</u><u>していただきたい</u>わ。

半沢夫人：はい。皆様のお仲間になれて光栄です。

貝瀬夫人：半沢次長といえば、行内でも花形といわれる営業第二部のエースですもの。その奥様とお知り合いになれて、こちらこそ光栄ですわ。

半沢夫人：いえいえ、うちはそんな大したものじゃ…

福山夫人：そんなご謙遜なさらなくてもよろしいんじゃありませんの？　今度の金融庁検査でも重要な担当を任されたんでしょ？

半沢夫人：はあ…

場面6を1回視聴させた後、「＿＿＿＿」の部分を空欄にしたスクリプトを配布する（難しい単語に振り仮名をつけてある）。その後、また2回視聴させ、空欄を埋めてもらう。場面6を見終わった後、学習者にこの会話で使った敬語は成分別に分けてもらう。そしてなぜ敬語を使っているかを回答してもらう。

「初対面」では、直ちに円滑な人間関係を築くことが望まれ、挨拶のように「称賛」が用いられ、お互い敬語を使うのがよく見られる。また、「疎」の関係にもあるので、敬語を使うのは一般的であることを学習者に理解してもらう。

場面2と場面7を視聴する　10分　（半沢直樹・第6話）

場面2　（1回目の授業で使った場面2をもう1回使用する。ただし、空欄は異なる箇所に設定する。）

半沢：120億!?

内藤：運用失敗による損失が確定的になった。

半沢：伊勢島ホテルがですか？　しかし、あそこは先日うちから200億の融資をしたばかりでしょう。

内藤：担当の時枝は同期だったな。

半沢：ええ、出身は東京第一銀行ですが。

内藤：残念ながら、今回の件で外されることになった。半沢、お前に担当してもらいたい。早急に120億の損失穴埋めとホテルの経営再建案を検討してくれ。

半沢：待ってください。そういうことなら、審査部あたりが引き継ぐのが妥当でしょう。なぜ私なんですか？

場面7　（半沢は伊勢島ホテルを訪れ、専務の羽根に経営再建計画の

作成を求めるというシーン）（半沢直樹・第6話）

羽根：運用失敗は株への投資によるもので、ホテル経営とは無関係な
　　　んだから。

半沢の部下：それでは、金融庁検査を乗り切れません。

羽根：それはそちらの勝手な都合でしょ。うちは銀行さんの都合で事
　　　業をしてるわけじゃないのよ。

半沢：でしたら、先日融資した200億、いったんご返済いただきたい。

羽根：どうしてかしら。

半沢：業績黒字が融資の条件だったはずです。赤字になるのなら、話
　　　が違う。

羽根：おかしなこと言うのね、財務内容は全て書類で提出したはずで
　　　す。運用を隠したつもりはありません。失敗を見抜けなかっ
　　　たのはあなた達の責任でしょう。それをそっちの勝手な都合
　　　でいきなり返せだなんて、まるでヤクザね。耳を疑うわ。

半沢：専務のお考えはよく分かりました。ですが、湯浅社長のご意見
　　　もお伺いしたい。お会いできますか？

羽根：あいにく海外出張中です。それに、この件に関しては私が一任
　　　されておりますので、どうしてもお金を返せとおっしゃるな
　　　ら、銀行内の合意を取ってきていただきたいわ。

半沢：分かりました。では、その方向で検討させていただきます。

　場面2と場面7を1回視聴させた後、「＿＿＿」の部分を空欄にした
スクリプトを配布する（難しい単語に振り仮名をつけてある）。その後、
また2回視聴させ、空欄を埋めてもらう。

　上述の場面3、場面5と場面6は、「上下関係」「立場の関係」「親疎
関係（初対面）」といった敬語使用の条件に基づいた敬語の使用実態と
なっている。これらの敬語表現の使い方はほとんどの教科書に挙げら
れ、説明されている。しかし、場面2と場面7は、このような一般的
な敬語表現でなく、更に特徴のある敬語表現となっている。その違い

について、学習者に課題を与え、次のディスカッションタイムで討論させる。

③ディスカッション　20分

　場面2、場面3と場面5から場面7を見終わって、学習者に下記の課題を提示する。グループごとにディスカッションをさせ、その結果を発表してもらう。

　　　課題A：　場面2では、半沢が上司の内藤に対して、丁寧語を使っている。なぜ目上の人に対して話しているのに、尊敬語あるいは謙譲語を使わないのか。

　　　課題B：　場面7では、羽根は半沢に会話の前半部分はほとんど敬語を使っていないのに対して、途中からは、再び半沢に対して敬語を使うようになっている。羽根は今まで半沢に対してずっと普通体を使っていたが、なぜ突然敬語に変わったのか。

④まとめ　10分

　教員が今回の授業のポイントと知識をまとめる。

⑤疑問回答　5分

◆3回目（5、6コマ）―　50分/コマ×2　（「社会文化・企業文化」に関する学習）

①　導入　15分

・日本の文化と日本の企業文化について、学習者の知っている範囲で話してもらう。

②　ドラマを視聴する　合計70分

　この授業では、日本の企業の雰囲気や、ビジネスマナー、サラリーマンの立場・考え方及び食文化に関する実態を学習者に見せたいため、次ページの五つの場面（表9-1）を選んだ。字幕なしで1回視聴をしてから、スクリプトを配布し、視聴ポイントを提示する。そのあと、

表 9-1　文化を取り入れた授業計画

時間	場面	視聴ポイント	文化要素（展開・説明する）	学習者の学習活動（ディスカッション）
10 分	場面 8（半沢直樹・第 1 話） 半沢直樹が就職の面接を受けるシーン	・面接試験場の様子 ・面接時の服装 ・応募理由	・スーツ ・マナー	・面接のとき、どのようなことを注意すべきか
15 分	場面 9（半沢直樹・第 1 話） 半沢直樹がマキノ精機を訪問し融資の判断をしたシーン	・中小企業の様子 ・仕事の服装 ・現場の状況 ・陳謝の表現（非言語）	・全員作業服 ・挨拶 ・稟議 ・土下座で陳謝を表す	・マキノ精機の社風はどうなの？なぜそう思う？
18 分	場面 10（半沢直樹・第 1 話） 融資の件のため、半沢直樹は部下の中西と西大阪スチールを訪問したシーン	・西大阪スチールの社風	・電話に出る方法 ・仕事中のマナー ・名刺を渡す ・稟議書	・なぜ半沢が西大阪スチールへの融資を反対するか？西大阪スチールの社風はどういう状況か？
12 分	場面 11（半沢直樹・第 1 話） 結婚記念日に残業が入って夜家に帰れないことを半沢直樹が妻に電話して伝えるシーン	・家に帰れない理由 ・妻が何で怒ったのか	・仕事優先	・仕事のため、妻との約束が守れない半沢について、どう思う？彼の選択は正しいと思う？
15 分	場面 12（半沢直樹・第 1 話） 「裸で 5 億取られた」と聞いた花ちゃんは主人のことを心配で事情を聞いたシーン	・半沢が家に入ったとき何を言ったか ・花ちゃんが作った料理 ・責任の話について、半沢が何を言ったか	・「ただいま」と「お帰り」 ・味噌汁、サバ焼き、玉子焼き、小松菜とほうれん草のおひたし、きんぴらごぼう ・上下関係、上司の指示に従う	・家に帰ったとき、家を出るとき、どのような言葉を言うか？ ・知っている日本料理はなに？

また２回視聴させ、文化要素について、パワーポイントを見せながら説明を展開する。場面ごとに、グループを分けディスカッションさせ、意見交換をしてもらう。

　この授業を通じて、日本の文化・企業の文化、そして日本人の考え方を理解できるように期待する。

③　まとめと発表の宿題　10分

・教員が今回の授業のポイントと知識をまとめる。

・宿題→日中文化の違いについて、２〜４点を選び、パワーポイント資料を作り、次回の授業でグループ発表をしてもらう。発表時間は１グループに15分と設定する。できるだけ図、表と写真を付けるように指導する。25名を５グループに分け、素材の選択、資料の作成、発表者の指定など、すべて各グループが打ち合わせした上で決める。

④　疑問回答　5分

◆4回目（7，8コマ）— 50分/コマ×2(グループ発表及びアンケート)

①　導入　5分

発表の順番と評価方法を説明する。

・発表の順番はくじ引きで決める。

・発表するグループに対して、ほかの四つのグループが採点する。採点基準は次ページの表9-2に基づく。最終の点数は四つのグループの採点の合計になる。

②　グループ発表　75分（１グループに15分)

③　まとめ　5分

　教員がみんなの発表に対してコメントと意見を提示する。

④　今回の実践プロジェクトについて、アンケート調査を行う。15分

9.4　まとめ

今回の実践授業はT大学の日本語専攻の４年生（25名）を対象とし、

表 9-2　グループ発表の評価シート

メンバー	①選択した素材はいいと思うか (10点)	②PPT資料は充実で分かりやすいか (10点)	③日本語の説明は分かりやすいか (10点)	小計【(①+②+③)÷3】
1				
2				
3				
4				
5				
グループ採点【各小計の合計÷5】(満点10点)				

グループ NO. (　　　　　　)

　テレビドラマを使用した「ビジネス日本語」の授業である。4回に分けて、合計8コマの授業を行う。

　1回目の「依頼」に関する学習を通じて、依頼の文型と構成を学習し、聴解の能力も訓練できる。

　2回目の「敬語」に関する学習を通じて、教科書に挙げられた「上下関係」「立場の関係」「親疎関係」といった敬語使用の条件に基づいた敬語のほか、更に特徴のある敬語表現の学習ができ、実際の敬語の使用・不使用や、どのような種類の敬語を使用するのかについては、相手の年齢、地位または肩書きのみならず、感情的・心理的な変化や親疎関係及び人間関係など様々な要素が影響を与えることが理解するようになる。

　3回目の「社会文化・企業文化」に関する学習を通じて、日本の文化、企業の文化についての理解を深めることができ、日本人の考え方、仕事に

関するコミュニケーションへの理解が期待できる。

　４回目のグループ発表を通じて、資料収集、調整能力、チームワーク能力、プレゼンテーション能力などの社会人としての行動能力の訓練が実現できる。さらに、毎回のディスカッションも含み、グループワークを共同で行うことによって、一つの目的のために協力する能力を身につけ、コミュニケーションスキルアップを図ることができる。

　従って、このようなビジネスドラマを利用した「ビジネス日本語」の授業を通じて、日系企業の求める日本語人材の育成に役立てると期待できる。授業に関する効果について、学習者にアンケート調査を行い、その結果と考察を次章にて検討する予定である。

第10章　ビジネスドラマを用いた授業の効果

10.1　調査の概要

　2015年10月から11月までの1ヶ月をかけて、T大学の日本語専攻の4年生を対象とし、テレビドラマを使用した「ビジネス日本語」の授業を行った。本来は、一学期(15週の30コマ)に亘って、授業の試案を行わなければならなかったが、時間の制限があるため、1ヶ月で8コマの授業の試案を行った。8コマを4週間に分けて、週2コマの授業を行った。1回目は、「依頼」に関する学習、2回目は「敬語」に関する学習、3回目は「社会文化・企業文化」に関する学習、4回目はグループ発表とした。

　テレビドラマを使用した「ビジネス日本語」の授業の効果について、対象者のT大学の日本語専攻の4年生にアンケート調査を記入してもらった。

10.1.1　調査の目的

　ビジネスドラマ教材の使用を通じて、それぞれの学習者が「ビジネス日本語」授業で、下記の内容について、どの程度の学習効果が表れたかということを調査の目的とする。

　①　文型・表現の学習

　②　敬語表現の学習

　③　日本の文化、企業の文化への理解

　④　日本人の考え方への理解

　⑤　ディスカッションやグループ発表による社会人としての行動能力
　　　の訓練

10.1.2　調査の対象と方法

　T大学の日本語専攻の4年生（20名）を対象とした。男性1名と女性19名の男女割合であった。本来、調査対象者を25名と予定したが、そのうちの5名が「3＋1」の教育モデル[71]で日本へ留学しているため、20名となった。

　4週目の8コマ目の授業の最後に、15分を開けて置き、授業を受けた20名の学習者に調査票を配布し、アンケート調査を行った。全員の20名の対象者から調査票を回収ができ、100%の回答率となっている。

10.1.3　調査の内容

　アンケート全体を通して、1）ビジネスドラマを利用したビジネス日本語授業に関する評価、2）ビジネスドラマを利用したビジネス日本語授業を通して学習したもの、3）ビジネスドラマを利用したビジネス日本語授業に関する感想及び意見という三つの内容が明らかになるように問いを設定した。アンケートは選択式質問と質問に対する自由記述の組み合わせであり、計10問である。

　選択式質問は、学習者の学年・性別、授業に対しての評価、学習者に役立った点などに関する問いである。自由記述は、今回行ったビジネス日本語授業に関する感想及び意見についての問いである。

10.2　結果と考察

10.2.1　ビジネスドラマを用いた授業への全般的な評価

　本調査に協力したT大学の日本語専攻の20名の学習者のうち、12名はビジネスドラマを利用して「ビジネス日本語」の授業をするという方法

71　T大学で3年間を学習してから、4年次の実習時に来日し日本の社会文化などを自ら体験し、更に日本語能力を高める。同時に、卒業論文を執筆し日本語学校の日本人教師に指導をもらうというモデルである。

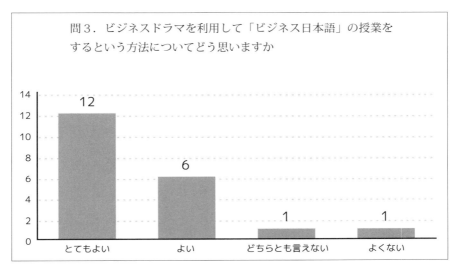

図 10-1　授業への全般的な評価

について「とてもよい」と答え、6名は「よい」と回答した。「どちらも言えない」、「よくない」と回答した学習者は1名ずつである（上記図10-1参照）。

　全体的に見ると、ビジネスドラマを利用した「ビジネス日本語」の授業に対して、プラス評価が得られたと言える。

　ビジネスドラマを利用して「ビジネス日本語」の授業をするという方法について「よくない」と回答した学習者は、今回の授業の学習効果や得たもの、そして授業についての感想などに関する問いについて、全部プラス評価をつけている。例えば、ビジネスドラマが「好き」、今回の授業を通じてビジネス日本語の学習に「役立った」と思い、「日本文化・企業文化」と「日本人の考え方」を理解し、更に「資料収取能力」と「チームワーク能力」が訓練できたと回答している。これらの回答は、ビジネスドラマを利用してビジネス日本語の授業をするという方法について「よくない」という回答と多少矛盾している。その理由を聞きたいが、無記名調査なので、

確認することができない。

10.2.2　スクリプトの空欄を埋める練習について

　セリフ（台詞）を聞き取り、スクリプトの空欄を埋める練習について、次ページの図 10-2 に示したとおり、「大体できた」と回答した学習者は17 名で、全体の 85% に達している。また、ほぼ同じ人数の学習者は「全部できた」と「あまりできなかった」と回答した。「全然できなかった」と回答した学習者はゼロである（図 10-2 参照）。

　そして、セリフを聞き取り、スクリプトの空欄の答えを聞き取れなかった原因についても設問した。「会話スピードが速すぎる」「未習単語や文型だった」「その発音に慣れていない」「その他」の選択肢を挙げた。それぞれ複数回答より選んでもらった。結果として、「会話スピードが速すぎる」を選んだ学習者は一番多く、19 名でほぼ全員であった。その次は「未習単語や文型だった」（9 名）と「その発音に慣れていない」（8 名）となっている。「その他」を選んだ学習者はゼロであった（次ページ図 10-3 参照）。

　今回使用したドラマは、日本人の社会生活をもとにして作られたドラマであり、登場人物の話すスピードが日本人の通常の会話のスピードである。しかし、今回の対象学習者達の一番聞き取れなかった原因は「会話スピードが速すぎる」となっており、95% という高い率に達している。この結果から、学習者の聴解（聴き取り）能力の訓練や練習が十分にされていないことが窺える。

10.2.3　学習効果について

　アンケートでは、「今回の授業は、ビジネス日本語の学習に役立ったと思いますか」に関しては、「非常に役立った」「役立った」「どちらも言えない」「全然役立たなかった」の選択肢を挙げた（156 ページ図 10-4 参照）。

　図 10-4 から分かるように、「非常に役立った」と答えたのは 11 名の55% となっており、「役立った」と答えたのは 9 名の 45% となっている。「ど

第 10 章　ビジネスドラマを用いた授業の効果についての調査　　155

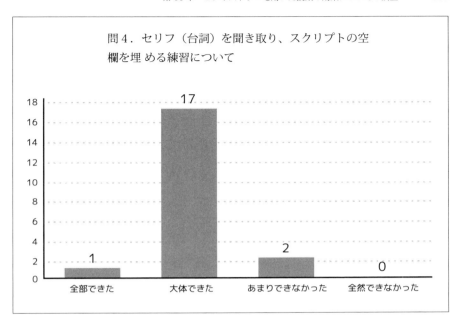

図 10-2　スクリプトの空欄を埋める練習について

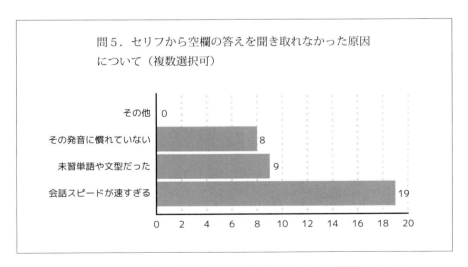

図 10-3　セリフから空欄の答えを聞き取れなかった原因について

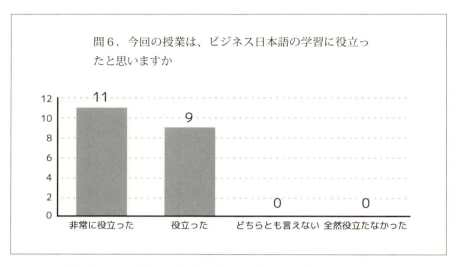

図 10-4　ビジネス日本語の学習に役立ったかどうかについて

ちらも言えない」と「全然役立たなかった」と答えた学習者は一人もいない。この授業に対する評価は非常に良い評価であったと言える。

　そして、アンケートでは、「役立ったと思う場合、どの点に役立ったと思いますか」という問いを設け、「文型・表現の学習」「聴解の練習」「敬語の学習」「日本文化と企業文化を知ること」「日本人の考え方を理解すること」「学習意欲が高まること」「その他」の選択肢を挙げた。それぞれ複数回答より選んでもらった。その結果、以下のことが明らかになった（次ページ図 10-5 参照）。

　図 10-5 から分かるように、役立った点について、最も比率が高いのは「敬語の学習」であり、80％ に達している。二位は「日本文化と企業文化を知ること」、「日本人の考え方を理解すること」と「聴解の練習」となっており、それぞれ 70％ を占めている。次に「学習意欲が高まること」、「文型・表現の学習」という順になっている。その他はゼロである。

　全体的から見ると、「文型・表現の学習」を除いでほかの項目の比率はすべて 50％ を超えている。敬語の学習や文化の理解から学習意欲まで多

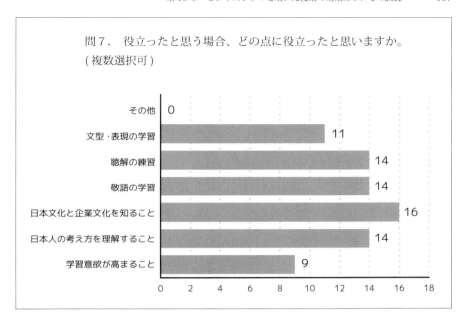

図 10-5　どの点に役立ったかについて

くの点に役立ったことが明らかになった。

　さらに、アンケートでは、「ディスカッションとグループ発表を通じて、どのような能力が訓練できたと思いますか」に関して、「資料収集能力」「チームワーク能力」「調整能力」「プレゼンテーション能力」の選択肢を挙げた。それぞれ複数回答より選んでもらった。結果を示すと、次ページのようになる（図 10-6 参照）。

　図 10-6 は、ディスカッションとグループ発表を通じてどのような能力が訓練できたかを示している。よく訓練できた上位 3 分野は、「資料収集能力」(16 名)、「チームワーク能力」(15 名)、「プレゼンテーション能力」(14 名) であり、いずれも 70% 以上に達している。「調整能力」を選んだのは 8 名で比率がやや低いが、全体的に見れば、社会人としての行動能力はよく訓練できたと言える。

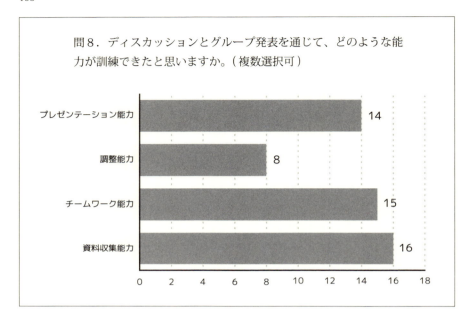

図 10-6　ディスカションとグループ発表を通じて訓練できた能力

10.2.4　学習者の感想について

　漫画、映画及びラブストーリーのドラマを利用した日本語授業の先行研究はいくつか見られるが、ビジネスドラマを素材にする日本語授業の論文はなかなか見あたらない。ビジネスドラマは学習者の中に人気がないかと疑問を持ち、アンケートでは「ビジネスドラマが好きですか」という問いを設けた。「非常に好き」「好き」「どちらも言えない」「好きではない」の選択肢を挙げた。その結果、次ページのようになっている（図10-7 参照）。

　ビジネスドラマが「非常に好き」な学習者は 11 名（55%）となっており、「好き」な学習者は 9 名（45%）となっている。「どちらも言えない」と「好きではない」を選んだ学習者はゼロである。この結果により、最初の「ビジネスドラマは学習者の中に人気がないか」という気がかりは打ち消された。

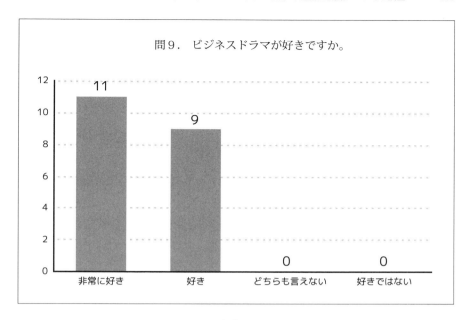

図 10-7　ビジネスドラマが好きか

　ビジネスドラマを利用したビジネス日本語授業に関する感想及び意見などを探るために、選択肢回答のほか、自由記述によっても答えてもらった。主な感想及び意見は下記の通りである（筆者が翻訳した）。

・ビジネスドラマを見て、いままで勉強した日本語は、やはり日本人の日常生活で使われている日本語とある程度の差があります。このような授業を受け、日本人の使う日本語を勉強したほうがいいと思います。

・ドラマを利用して授業をするのはとてもいいと思います。生き生きとした授業になり、分かりやすく、実用的だと思います。とても印象深いです。

・敬語、日本人の考え方、企業文化などの勉強ができ、職場と面接の服装もよく分かりました。今後、自分が面接する時や就職した後にど

のような服装をすればいいかについて、分かるようになりました。

・この授業を通じて、先生の熱情をよく感じ、自分がもっと日本語の勉強を頑張りたいと思うようになりました。

・ディスカッションとグループのPPT発表で、私たちは一緒に相談しながら資料を作成したりしました。日本語の訓練はもちろん、チームワーク能力も十分訓練できました。

・ビジネスドラマを利用した授業は、私たちの学習意欲を高めましたし、聴解能力も訓練しました。さらに、日本の文化と企業文化を理解することができ、今後の日系企業への就職にも、同僚や上司とのコミュニケーションにも役立つと思います。このような授業をたくさん受けたいです。

・中国で日本語を勉強する場合、日本人と接するチャンスがめったにないので、本場の日本語を聞くチャンスもないです。このような授業を通じて、日本人の使う日本語を聞くことができるので、とても勉強になります。

以上の学習者達のメッセージから見ると、感想と意見はほとんどプラス評価となっているが、次のようなマイナス感想と意見もあった。

・ドラマの登場人物の会話スピードが早すぎて、発音がはっきりとしない人物もいましたので、聞き取れなかったです。会話スピードの正常なドラマを選んだほうがいいと思います。

・今回使ったドラマを見たことがなくて、ストーリーの流れがよくわからないので、理解しにくかったです。授業をする前に、私たちに事前にドラマを見せたほうがいいと思います。

今回使用したドラマは、日本人の日常生活をもとにして作られたドラマであり、登場人物の話すスピードが日本人の通常の会話のスピードである。「登場人物の会話スピードが早すぎる」や「会話スピードの正常なドラマを選んだほうがいい」と思う学習者は日本人の通常の会話のスピードに慣れていないため、このような感想があったと考える。

事前にドラマを見させてほしいというコメントに関しては、確かにみんなが分かっているドラマを選んだほうがよいのであるが、授業の素材に合うビジネスドラマは全員が見たことがあることとは限らないし、事前にドラマを見させるのもなかなか難しいことである。今後、全員が見たことのあるビジネスドラマをリストにし、その中から相応しい素材を選択するのも一つのやり方になると思う。

10.3　まとめと問題点

　本論文の第3章「中国に進出した日系企業の求める人材像に関する分析」では、日系企業に対してアンケート調査を行い、企業の日本語人材に関するニーズを明らかにした。その日系企業のニーズに対応するため、第9章で「ビジネス日本語」という科目を例にしビジネスドラマを用いた授業の試案を行った。本章はビジネスドラマを用いた授業について学習者にアンケート調査に答えてもらい、その効果について考察するものである。

　今回の調査結果により、ビジネスドラマを利用して「ビジネス日本語」の授業をするという方法は効果的であり、「聴解の練習」と「敬語の学習」に役立ったのみならず、日本文化と企業文化を知り、日本人の考え方をより理解し、日本語に対する興味をより高めることができることが明らかになった。さらに、ディスカションとグループ発表を通じて、資料収集能力やチームワーク能力、プレゼンテーション能力などの社会人としての行動能力がよく訓練できることも明らかになった。

　改善点として「会話スピードの正常なドラマを選んだほうがいい」と「事前にドラマを見させたほうがいい」との2点を指摘されたが、全体的には良い評価であったと言える。

　以上のように、本章はビジネスドラマを利用して「ビジネス日本語」の授業を行い、日系企業のニーズに対応する観点から、その有効性を考察した。今回の模擬授業を通じて、ビジネスドラマを利用して日本語授業を行い、日系企業のニーズに合った日本語人材の育成ができることを明らかに

したが、反省するところもある。例えば、場面の説明が足りないとか、授業時間のコントロールの問題などについて、今後の授業の中で調整しながらやっていく必要がある。また、学習者のプレゼンテーション能力がかなり低いことに驚いた。日本語授業だけではなく、ほかの授業でも学習者達に多くの発表のチャンスを与え、プレゼンテーション能力を訓練する必要があると感じた。そして、教授する側に関しては、ドラマ素材の選択、内容の抽出及びセリフの整理などの作業は非常に大変で時間がかかった。

　ビジネスドラマを用いた日本語授業について、更に応用できるビジネスドラマをより多く収集し、そのドラマと効果的な指導法をどのようにうまく関連付けるかは今後の課題になるのであろう。

第11章　　終　章

11.1　結び

　本論文はアンケート調査を通じて日系企業が必要とする「日本語人材」の具体的な内容、及び「日本語人材」に求められる資質と能力を明らかにし、現在の日本語教育現場に存在する問題点を提示することによって、中国進出日系企業のニーズに合った「日本語人材」の育成について、具体的な教育内容、教育方法を研究する論文である。

　本研究は従来の研究と比べ、以下の特長を持っている。

1) 筆者は日本国内の企業及び中国現地の日系企業に勤めた経験があり、また中国の大学で日本語教育の専任講師として5年近く勤務していたので、日本語人材に関する「需要側と供給側にミスマッチが生じている」という問題をよく実感している。本研究は実際の大学教育を通じて具体的な課題を持った実用的な研究になるのである。

2) 本研究はニーズ調査やアンケート調査を行い、その結果を踏まえ、日系企業のニーズに合った「ビジネス日本語」の授業を設計し、中国の大学において実施した。実際の授業を通じて研究の結果を検証することができ、「理論と実践を結合した教育の研究」になっている。

3) 中国における日系企業の日本語ニーズに関して、今までの研究を見てみると、ほとんど大連、上海、香港という大都市を前提に研究されている。数の面でも絶対的に大多数を占める地方都市を対象にした研究があまり見られない。一方、進出企業の業種の特徴から見ると、金融業・商社・サービス業等の第三次産業は主に大都市に集中しているが、製造業の大半は中規模の地方都市に進出している。また進出企業

の内訳の比率で言えば製造業が全体の77％ほどを占めている。そこで、本研究では、先行研究では中心的に扱われることが少なかった「中国進出日系企業のニーズに合った」という点に着目し代表的な産業都市である唐山市を対象として考察を行った。唐山市を中心に研究することは日系企業の製造業に役立ち、大多数の中規模地方都市に適用されると言える。

　本論文は11章で構成されているが、内容は大きく五つの部分に分けられる。まず、中国における日本語教育の現状と問題点を考察する。次に中国における日系企業に対し、ニーズ調査を行い、どのような教育内容が必要かを論じる。そして、企業のニーズに応える日本語教育を行うため、社会の中で繰り広げられるコミュニケーションの実態について教科書以上に多くの情報を提供しているビジネスドラマを利用し、日本語の敬語や謝罪表現を研究し、職場における使用実態を考察する。その後、日系企業の日本語人材に関するニーズを参考にし、ドラマ教材の使用を通じて「ビジネス日本語」授業をデザインし、学習内容と目標について、以下のように設定し、実際に中国の大学において授業を実施した。

① 　文型・表現の学習
② 　様々な敬語表現の学習
③ 　日本の文化、企業の文化への理解
④ 　日本人の考え方、仕事に関するコミュニケーションへの理解
⑤ 　ディスカッションやグループ発表による社会人としての行動能力の訓練

　最後に、テレビドラマを使用した「ビジネス日本語」の授業の効果について、学習者達にアンケート用紙に記入してもらった。調査結果により、ビジネスドラマを利用して「ビジネス日本語」の授業をするという方法は、日系企業のニーズに対応する観点から効果的であり、学習者は映像、音声からより具体的なビジネス場面の状況を知ることができ、言語使用の多様性を個々の状況と結びつけて理解することができ、日系企業のニーズに

合った日本語人材の育成ができることを明らかにした。具体的な構成は、下記の通りである。

「第1章　はじめに」では、研究の動機と目的を示し、研究課題と研究方法を挙げる。また、これまでの中国における日本語教育に関する研究について概観し、本研究の意義を述べた。

「第2章　現在の日本語教育」では、日本国内における日本語教育の現状を概説し、中国における日本語教育について詳しく説明した。中国における日本語教育の歴史的変遷をはじめ、日本語人材育成モデルの現状及び日本語人材育成の課題を提示した。

「第3章　中国に進出した日系企業の求める人材像に関する分析」では、中国現地調査を行い、現地の日系企業が必要とする「日本語人材」の具体像及び「日本語人材」に求められる資質と能力を、アンケート等を通じて、1)企業が求める日本語の言語能力、2)在学中、採用時、入社後に望む能力、3) 中国人社員に不足している能力、4) 日本語人材育成における大学への期待という四つの点について考察を加えた。その結果として、日系企業の求めるところは、「日本語能力」はもちろんのことであるが、言語知識だけではなく、言語以外の知識や技能を教え、日本の社会・日本人の考え方、企業文化を理解してもらい、ビジネス日本語を活用してコミュニケーションができるビジネスパーソンの育成が要求されている。また、社会人としての行動能力の教育も多くの企業に求められている。

「第4章　日本国内における日本企業の求める人材像について」では、日本企業の求める人材に関する先行研究と実態調査データを参考にし、日本国内の日本企業に勤めている中国人にヒアリング調査を行い、中国に進出した日系企業の求める人材像と比較し、相違点を考察した。日本国内の企業は「外国人留学生に対する求める能力」として、「ネイティブに近い高度コミュニケーション日本語能力」、「日本企業文化に対する理解能力」、「社会人としての求められる行動能力」の三つの能力を挙げている。この点については、中国に進出した日系企業が求める日本語人材に対しての要

望や期待とほぼ一致している。

「第5章　中国における日本語専攻の教育現状と問題点」では、中国の
T大学を事例とし、現行のカリキュラムを取り上げ、「教学大綱」が実際
の教育現場でどのように浸透し、それに基づきどのような教育実践が行わ
れているかを考察し、日本語専攻の教育現状と問題点を明らかにした。

「第6章　ビジネスドラマを活用する日本語授業における著作権問題に
ついて」では、ビジネスドラマを含め、映像教材は効果的な学習リソース
であることを評価しながら、映像教材を利用する際に注意しなければなら
ない著作権問題について、日中法律上の関連規定を紹介した。

「第7章　ビジネス場面のコミュニケーション学習におけるビジネスド
ラマの敬語分析」では、ドラマ「半沢直樹」における敬語の使用実態を考
察し、ビジネス場面のコミュニケーションの実態を把握することによって、
敬語表現の多様性と使用状況の複雑さを認識した。

「第8章　日中ビジネスドラマにおける謝罪表現の対照研究」では、ビ
ジネスドラマを利用し、「職場」という特定の場面に焦点を当て、そこで
行われる日中の謝罪表現を抽出し、日中両国の謝罪表現の共通点・相違点
を分析した。日本人は謝罪表現の「定型表現」のみの使用が圧倒的に多
く、様々な場面で頻繁に使用している。これに対して、中国人は「定型表
現」を使わず、「非定型表現のみ」を使用するのが多いと考えられる。また、
非定型表現のストラテジーの使用について、中国人は日本人に比べ、謝罪
する際、同時に多様なストラテジーを使う傾向があり、日本人はより単一
の謝罪のストラテジーを使う傾向がある。

「第9章　ビジネスドラマを用いた授業の試案」では、第3章と第5章
の研究を通じて、企業のもっとも重視する「ビジネス日本語」の教育につ
いて、ドラマ教材の使用による教授方法を検討した。

「第10章　ビジネスドラマを用いた授業の効果についての調査」では、
中国の大学の日本語学習者に対して実際にドラマ教材を導入したビジネス
日本語の指導を行い、学習者にアンケートを記入してもらい、ビジネスド

ラマを用いたビジネス日本語授業に関する感想と意見を通じて、その効果を検証した。

「第11章　終章」の本章では、本研究の成果をまとめ、教育機関への提言と今後の課題について述べている。

11.2　日本語人材の育成についての中国の大学への提言

本研究の諸調査の結果をふまえ、日本語人材に求める社会的要求も日本語人材が果たすべき役割も変わってきている現在において、日本語教育の問題をしっかりと認識し、よりよく社会的ニーズに応えていかなければならないと思う。日本語人材の育成に関して、筆者は以下のように考えている。

1) 社会のニーズに応えられるような「日本語人材」の育成を実現するためには、現在の日本語教育カリキュラムの編成や授業科目の設置、教科書の使用、教授法、教育成果の確認などを検討し、体系化した日本語教育カリキュラムを作り、各授業間の相互支援・補完体制を作り、日本語の運用能力を中心とした教育をしなければならない。

2) 中国の大学における日本語教育は、教科書内容を中心に、主に教室で行われているものである。学習者達は、生活や仕事の実社会から離れ、架空の環境で日本語の学習や運用練習をしており、また、教室を離れたら、すぐ母国語の言語環境に戻り、学習した内容の応用機会がめったにない。そこでより生活や社会の状況の密着したコミュニケーションの実力を養う良策として、映像、音声からより具体的なコミュニケーションの状況を知ることができ、言語使用の多様性を個々の状況と結びつけて理解することができるテレビドラマ教材の使用がより有効であり、中国の大学日本語教育において、積極的に検討し導入すべきであると考えている。

3) 学習者の言語教育以外に、社会人行動力及び資質の養成も重視しなければならないと思う。日本語教育を行う際に、言語に関する知識や

その運用能力の育成に加え日本社会や文化に関する知識を習得させることと並んで、学習者の資質教育にも十分な配慮をしなければならない。特に責任感、協調性、チームワーク能力などを育成するための教育内容も積極的に取り入れるべきである。

4）日系企業と大学の連携体制の構築も重要である。社会に求められる人材が育成する教育の一環として、インターンシップは効果の高い手段であると言われているため、現在、インターンシップは実務教育の手段の一つとして中国の大学で行われている。しかし、大学での教育内容と関連の深い業種でのインターンシップとは限らないため、学習者の専門性が反映されていないのが現状である。今後、大学側は日本語学習者達の専門と関連の深い業種でのインターンシップを推奨し、学習者達に企業インターンシップにより、社会での実際の仕事で求められるレベルの高さや進め方を実感させると共に、大学内で培った技術力や自らの考えの過不足を認識させ、以降の学習意欲につなげるようにすべきである。

11.3 今後の課題

ビジネスドラマを用いた授業は一定の成果を収めたと自己評価しており、学習者の授業アンケートでも高い満足度が示されている。ただ、ビジネスドラマを選ぶ際には到達目標に応じた基準をもとに教材としての妥当性を判断する必要があり、どのような映像を用いるかによるところが大きいと強く感じた。ビジネスドラマの使い方には、一定の決まった方法があるわけではなく、既存の教科書のような教師用のマニュアルもない。今後、ドラマの活用方法を授業案と一緒に提示する教師用の参考書や教材の開発は必要となるのであろう。

本研究では、日系企業のニーズに応じてデザインした「ビジネス日本語」の授業は、時間の制限があるため、1ヶ月で8コマの授業の試案しかできなかった。今後、授業の期間を延ばし、更に応用できるビジネスドラマを

より多く収集し、様々なビジネス場面を取り上げ、その映像と効果的な指導法をどのようにうまく関連付けるかは、継続的に研究しなければならない課題になる。

　本研究によって日中両国の友好と経済発展にいささかなりとも貢献できれば幸いである。

参考文献

安旻 (2011)「中国における日本語教育の現状と発展」北京新東方学校
　　http://bj.xdf.cn/publish/portal24/tab16997/info652415.htm(2014.05.17)

有賀千佳子 (1990)「中級における映像教材活用の可能性―ドラマ素材を用いた授業
　　の一例―」『日本語教育』71号　pp.210-225

池田理恵子 (1993)「謝罪の対照研究―日米対照研究―face という視点からの一考察―」
　　『日本語学』12, pp.13-21

池田伸子 (2002)「映像と日本語教育」In H. Joo (Ed.)『映像の言語学』東京　おう
　　ふう　pp.161-192

于日平 (2010)「中国における日本語教育の目的と目的実現のために ―「特色ある日本
　　語学科建設」を例に」『言語と文化』(23),　pp.16-30

王俊紅 (2012)「中国における日本語教育の異文化コミュニケーション教育の環境―『教
　　学大綱』の分析を通して―」第九回国際日本語教育・日本研究シンポジウム予稿
　　集原稿

温素美 (2011)「日剧在日语专业课堂上的应用及相关问题研究」华中师范大学外国语
　　学院　修士論文

大谷麻美 (2000)「謝罪定型表現の日英語対照研究（第 20 回 日本言語文化学研究会
　　発表要旨）」『言語文化と日本語教育』20 号 pp.90-97

岡崎正道 (1993)「ドラマ・漫画による日本語教育」『岩手大学人文社会科学部 Artes
　　liberals』第 53 号 pp.39-53

大木理恵 (2007)「「ビジネス日本語」授業報告－全学日本語プログラム 800（超級）
　　レベルにおいて－」『東京外国語大学　留学生日本語教育センター論集』第 33 号
　　pp.169-177

大川英明 (2006)「映画における文化要素と日本語教育」『関西外国語大学留学生別科
　　日本語教育論集』第 16 号　pp. 111-127

葛茜 (2012)「中国の大学日本語専攻教育は何を目指しているか―『教学大網』の分析

から―」『日本語・日本学研究』(2), pp.33-46

何志明 (2012)「香港の日系企業における異文化コミュニケーションの問題点―香港人社員に対する調査から―」『日本学刊』 第 15 号 pp.66-79

株式会社ディスコ (2013)「外国人社員の採用に関する企業調査アンケート結果」

何菁 (1995)「評我国《著作権法》中"為教学目的"合理使用的規定」『科技与法律』第 20 期 pp.24-25

郭暁明 (2013)「关于大学日语教育质量问题的实证研究 」上海外国语大学 修士論文

甲斐睦朗 (1993)「企業小説にみる謝罪表現」『日本語学』12 巻 12 号 pp.75-83

カノックワン・ラオハブラナッキト (1995)「日本語における「断り」―日本語教科書と実際の会話との比較―」『日本語教育』(87), pp.25-39

賈志琳 (2014)「文化理解を中心とした日本語の実践的研究―台湾の F 高校での第二外国語におけるコースデザインを例に―」東海大学 日本語言文化学 修士論文

蒲谷宏, 川口義一, 坂本惠 (1998)『敬語表現』大修館書店

教育部高等学校外語専業教学指導委員会日語組 (2000)「高等院校日語専業高年級階段教学大綱」大連理工大学出版社

教育部高等学校外語専業教学指導委員会日語組 (2001)「高等院校日語専業基礎段階教学大綱」大連理工大学出版社

金東奎 (2006)『「待遇コミュニケーション」における「敬語表現化」に関する考察―待遇表現教育の観点から―』早稲田大学大学院 日本語教育研究科 博士論文

熊谷智子 (1993)「研究対象としての謝罪―いくつかの切り口について― 」『日本語学』12 巻 12 号 pp. 4-12

熊谷智子 (2003)「シナリオのある会話―ドラマの日本語の特徴 (特集 ドラマの日本語)」『日本語学』22(2), pp.6-14

熊取谷哲夫 (1988)「発話行為理論と談話行動から見た日本語の「詫び」と「感謝」」『 広島大学教育学部紀要』第 2 部 第 37 号 pp.223-234

小林誠 (2008)『中国で売る 中国進出企業の経営ノウハウ』蒼蒼社 pp.242

厚生労働省 (2015)「「外国人雇用状況」の届出状況（平成 27 年 10 月末現在)」

胡雲紅 (2009)「権利制限のあり方についての比較法的考察」『横浜国際社会科学研究』14(4) pp.33-55

黄淑妙 (2005)「台湾の大学における日本語マルチメディア教材の利用について」『日本語教育研究』49 号 pp.73-85

小室リー郁子 (2009)「海外の日本語教育における映像素材活用の意義とその実践報告」
　　　『Journal CAJLE』第 10 号　pp.89-105

呉素蘭 (2012)「厦門大学における日本語教育」『日本語・日本学研究』(2), pp.167-
　　　174

呉承和 (2011)「大学における第二外国語の日本語授業への一試案－映像教材および
　　　アニメの使用－」『日語組舊報明細』第 47 期

坂本太郎 (2012)「就職四季報に見る大卒新卒の雇用実態」慶應義塾大学大学院経営管
　　　理研究科　修士論文

佐藤啓生 (2011)「現代日本語の謝罪言葉に関する研究」『岩手大学大学院人文社会科
　　　学研究科研究紀要』20 号 pp.21-38

財団法人海外技術者研修協会 (2007)「平成 18 年度構造変化に対応した雇用システ
　　　ムに関する調査研究 (日本企業における外国人留学生の就業促進に関する調査研
　　　究)」

財団法人企業活力研究所 (2011)「平成 23 年度アジア人財資金構想プロジェクトサポー
　　　トセンター事業 (日本企業における高度外国人材の採用・活用に関する調査) 報
　　　告書」

財団法人日本漢字能力検定協会 (2012)「大学におけるビジネス日本語教育の実施状況
　　　に関する調査結果レポート」

秦松梅 (2015)「日本語会話授業の問題点に対する捉え方—中国の大学における日本
　　　語専攻の学習者の場合—」『日本語教育』161 号 pp.15-30

宿久高 (2003)「中国日语教育的现状与未来——兼谈《专业日语教学大纲》的制定与实施」
　　　『日语学习与研究』(2),　pp. 50-53

宿久高 (2004)「中国における日本語教育の発展と課題」『2004 年日本語教育国際研究
　　　大会 予稿集 発表 1』pp.1-5

宿久高 (2006)「中国における日本語教育と課題」『2006 清華大学日本言語文化国際
　　　フォーラム論文集』pp.1

宿久高 (2008)「日本語教育改革と伝統への復帰」『日本語言文化研究』第 3 輯 pp.7-
　　　12

仇文俊 (2012)「中国の大学におけるビジネス日本語教育の現状と問題点について」『比
　　　較社会文化研究』(32), pp.1-6

修剛 (2008)「中国高等学校日语教育的现状与展望——以专业日语教学为中心」『日语

学習与研究』(5),pp.1-5

修剛 (2011)「转型期的中国高校日语专业教育的几点思考」『日语学习与研究』(4),pp.1-6

島田めぐみ、渋川晶 (1998)「アジア5都市の日系企業におけるビジネス日本語のニーズ」『日本語教育』103号 pp.109-118

秦秀美 (2013)「日韓における謝罪の「定型表現」の使用について」『関西大学外国語教育フォーラム』第12号 pp.1-16

周升干 (2013)「断る場面における詫び表現について—中国の日本語学習者と日本語母語話者を比較して—」『言語文化学研究』(8), pp.71-86

佘憶茹 (2005)「日本語教育における映像教材利用の可能性—日本のテレビドラマを中心に—」銘傳大学 応用日本語研究科 修士論文

芝原里佳 (2012)「敬語の使用状況を記述的に理解する実践—ビジネス場面のコミュニケーション学習における企業ドラマの発話分析」『リテラシーズ』第10号くろしお pp.11-20

徐燕，松村瑞子 (2011)「映像作品を利用した語用論的技能養成の方法開発に向けて -- 発話行為実現形の多様性及び文化的価値観に基づく発話行為の相違を中心に」『言語科学』(46), pp.11-22

住田幾子 (1990)「感謝のあいさつことば—「ありがとう」と「すみません」に ついて—」『日本文学研究』26, A1-A11

住田幾子 (1992)「日本語の詫びのあいさつことば—女子学生の言語生活における談話資料をもとにして—」『日本文学研究』28, pp.235-243

総務省統計局ホームページ
　　http://www.stat.go.jp/data/jinsui/index.htm(2014.07.10)

孫守峰 (2013)「中国で働く中国人社員が求めるビジネス日本語」『日本語・日本文化研究』第23号 pp.94-105

苏娜 (2008)「道歉表达方式的中日对比研究」辽宁师范大学 修士論文

譚建川 (2006)「中国における「日本事情」教育の現状」『特定課題研究報告 日本言語文化研究会論集』第2号 pp.59-74

譚晶華 (2004)「中国大学日本語専攻のシラバスと四、八級試験要綱について」『世界の日本語教育（日本語教育事情報告編）』7, pp.47-58

田中祐輔 (2013)「中国の大学専攻日本語教育の研究：文学思想による規定と日本の国語教育からの影響」早稲田大学博士学位申請論文

高松正毅 (2008)「企業が求める能力と大学教育」『高崎経済大学論集』 第50巻 第3,4
　　合併号　pp.201-212

单文埂 (2009)「对日语道歉行为策略类型的考察」『日语学习与研究』(6), pp.109-115

谭占海 (2001)「言语交际中的道歉策略」『遵义师范学院学报』(1), pp.28-30

谷口龍子 (2010)「詫びおよび感謝表現選択と文・談話構造との関わり―日本語と中国
　　語のヴォイスに注目して―」『東京外国語大学論集』(80), pp.179-198

高橋純子 (2006)「テレビドラマ聴解の授業報告」『筑波大学留学生センター日本語教
　　育論集』21号　pp.77-96

大連理工大学ホームページ
　　http://sme.dlut.edu.cn/institutes/docfile(2014.05.17)

中国 SOHU 大学データーバンク
　　http://daxue.learning.sohu.com/p/college/12/1404/majorintro.html
　　(2014.05.17)

張威 (2006)「新しい時代に求められる日本語教育と人材養成の目標」『2006 清華大学
　　日本言語文化国際フォーラム論文集』pp.41

『著作権法』公益社団法人著作権情報センターホームページ、著作権データベース、国
　　内法令、著作権法
　　http://www.cric.or.jp/db/domestic/a1_index.html#2_3e(2016.2.20)

『中華人民共和国著作権法』2010 年 2 月 26 日第二回改正　第 11 期全国人民代表大会
　　常務委員会第 13 回会議にて採択

著作権法第 35 条ガイドライン協議会 (2004)「学校その他の教育機関における著作物
　　の複製に関する 著作権法第 35 条ガイドライン 」

趙翻 (2012)「日本語と中国語における謝罪表現の対照研究―家族と親友間の異なりに
　　注目して―」『東洋大学大学院紀要』49, pp.98-124

赵德旺 (2009)「口语における謝罪表現の中日対照研究」大連海事大学　修士論文

陳采玉 (1998)「現代日本語における若者の敬語使用の実態：高校生・大学生・社会人
　　の比較」『言語科学論集』2,pp.109-120

鄭起永 (2002)「日本語教育におけるマルチメディア活用の有効性と教師の役割」『明
　　海日本語』第 7 号　pp.37-45

東洋経済新報社 (2013)「就職四季報総合版 2014 年版」2013 年 7 月発行

陶琳 (2005)「人間関係修復のための方略―謝罪表現を中心に―」『社会環境研究』10,

pp.33-45

陶琳 (2005)「" 対不起 " と「すみません」について」『比較文化研究』(69), pp.97-108

陶琳 (2007)「中国語における謝罪表現の意味類似型構造について」『人間社会環境研究』14,pp.19-38

陶琳 (2008)「中国語と英語における「面子」・「Face」概念の比較」『言語文化論叢』12, pp.49-75

陶琳 (2008)「中国語と英語における謝罪表現の考察」『人間社会環境研究』16, pp.75-85

鄭加禎 (2006)「謝罪行為における差異 -- 日本語母語話者と中国語母語話者の事例研究」『アジア社会文化研究』(7) pp.57-73

独立行政法人日本学生支援機構 (2015)「平成 26 年度外国人留学生在籍状況調査結果」

独立行政法人労働政策研究・研修機構 (2008)「日本企業における留学生の就労に関する調査」

中田智子 (1989)「発話行為としての陳謝と感謝― 日英比較― 」『日本語教育』68 号 ,pp.191-203

中道真木男・土井真美 (1993)「日本語教育における謝罪の扱い」『日本語学』12 巻 12 号 pp.66-74

中山英治 (2012)「日本語教育における映画の一般的な教材価値と社会参画を支援できる教材価値：『男はつらいよ』を資料として」『刊行記念号―特集 教室中心主義からの解放 早稲田日本語教育実践研究』pp. 119-137

長坂水晶, 木田真理 (2011)「中国の大学の日本語授業における会話指導に関する調査：中・上級レベルを対象とした教室活動の実態と教師の意識」『国際交流基金日本語教育紀要』(7), pp.43-57

日本国際交流基金 2012『海外の日本語教育の現状』くろしお出版

日本国際貿易促進協会編 (2010)『日中貿易必携』pp.17

日本経済団体連合会 (2011)「産業界の求める人材像と大学教育への期待に関するアンケート結果」調査報告

日本経団連教育問題委員会 (2004)「企業の求める人材像についてのアンケート結果」

日本経済団体連合会 (2011)「産業界の求める人材像と大学教育への期待に関するアンケート結果」

日本経済団体連合会 (2014)「新卒採用（2014 年 4 月入社対象）に関するアンケート

調査結果」

日本経済新聞出版社 (2013)「親と子のかしこい大学選び 2014 年版」2013 年 6 月発行

日本弁理士会近畿支部 知的財産制度検討委員会 新規業務研究部会著作権チーム (2007)「学校教育現場での著作権に関するＱ＆Ａ」

野元千寿子 (2007)「日系企業が現地社員に求める「ビジネス日本語」の実態」『ポリグロシア』13 号 pp. 69-81

原田明子 (2004)「バンコクの日系企業の求める日本語ニーズに関する分析－ビジネスパーソンによる日本語学習動機との比較から－」『早稲田大学日本語教育研究』第 5 号 pp.169-181

柏木厚子 (2015)「映画・テレビドラマにみる日米謝罪表現の差異―オリジナル言語版および吹き替え版の分析から―」『學苑』No.893, pp.11-25

羽成拓史 (2012)「謝罪ストラテジーに関する一考察―受け手側からの評価を中心に―」『International journal of pragmatics』21 号 pp. 1-17

早矢仕智子 (2005)「海外における日本語学習者のためのテレビドラマ教材による日本語教育―韓国大真大学校の授業ケースから―」『宮城学院女子大学大学院人文学会誌』6 号 pp.1-10

林春 (2010)「村上春樹の短編小説を用いた敬語の教材開発」『滋賀大学大学院教育学研究科論文集』第 13 号 pp.103-112

橋本智 , 山木眞理子 , 古賀美千留 (2009)「新しい映像教材の開発を目指して：学習者の専門に配慮した授業の試み」『徳島大学国際センター紀要』5,pp.34-43

原沢伊都夫 (2008)「ドラマを使った上級教材への取組み：聴解力と語彙力の向上をめざして」『静岡大学国際交流センター紀要』2, pp.49-61.

福岡昌子 , 趙康英 (2013)「グローバル人材育成と企業の留学生雇用に関する研究」『三重大学国際交流センター紀要』8 号 pp.19-38.

文化庁文化部国語課「平成 24 年度国内の日本語教育の概要」
http://www.bunka.go.jp/kokugo_nihongo/jittaichousa/h24/gaiyou.html
(2014.07.10)

文化庁 (2007)『敬語の指針』平成 19 年文化審議会答申

法務省「在留外国人統計」2013 年 12 月末
http://www.moj.go.jp/housei/toukei/toukei_ichiran_touroku.html(2014.07.10)

法務省入国管理局 (2015)「平成 26 年における留学生の日本企業等への就職状況について」

彭国躍 (2003)「中国語の謝罪発話行為の研究 --「道歉」のプロトタイプ」『語用論研究』(5), pp.1-16

彭国躍 (2005)「現代日本語の謝罪発話行為の類型と機能」『日本語学』24(4), pp.78-90

方爱萍 (2007)「从道歉言语行为的对比研究看中日文化差异」重庆大学　修士論文

堀江インカピロム・プリヤー (1993)「謝罪の対照研究―日タイ対照研究」『日本語学』12 巻 12 号 pp. 22-28

保坂敏子 (2012)「映像作品を利用した日本語教育の体系化に向けて：海外における利用実態と教師の意識から」『徳島大学国際センター紀要・年報・2012』pp.47-59

丸田拓 (2011)「教育分野における日本の著作権法の規定〜韓国、中国、ベトナムの著作権法との比較〜」『熊本大学大学院 社会文化科学研究科 教授システム学専攻 2010 年度提出修士論文』

守屋貴司 (2012)「日本企業の留学生などの外国人採用への一考察」『日本労働研究雑誌』54(6)pp.29-36

森美子 佐藤公美 (2010)「ドラマを使った語彙・漢字学習」『海外在住の子供達のための漢字教育実践報告』ジョージタウン大学東アジア言語文化学部日本語学科 pp.102-114

山本富美子ほか (2008)「企業が期待する外国人「人財」の能力とビジネス日本語」『専門日本語教育研究』第 10 号　pp.47-52

山本もと子 (2004)「社会的相互行為としての謝罪表現 ― 言語表現選択の背景には何があるのか ―」『信州大学留学生センター紀要』第 5 号 pp.19-31

山田しげみ (2007)「海外向けビデオ教材『日本語教育用 TV コマーシャル集』―教材製作とその評価」『国際交流基金日本語教育紀要』(3), pp.81-94

俞仁琰 (2011)「关于道歉语言行为的中日对比研究」苏州大学　修士論文

読売新聞社 (2013)「就職に強い大学 2014」2013 年 7 月発行

吉村弓子 (2010)「映画を用いた日本語教育」『北海道言語文化研究』8 号　pp.3-12

林玥秀 (2011)「大学日本語教育に存在する課題と対策分析」『理論界』12 期　pp.187

劉楠楠 (2010)「浅談如何培養面向社会的応用型日本人材」『科教文汇』第 7 期 pp.114

李貝貝（2013）「从学生的視角看大学日语专业课程設置」湖南大学日本語言語文学専攻修士論文

林玥秀（2011）「高校日语教育存在的问题及对策分析」『理论界』12 期, pp.187-188

林楽青、西尾林太郎、孫連花 (2012)「大連における日本語人材の需要について―日系企業を中心に―」『愛知淑徳大学現代社会研究科研究報告』第 8 期　pp.37-45

李竺楠（2015）「职场道歉言语行为的中日对比研究」山東師範大学　修士論文

梁正善 (2008)「ドラマ「ハケンの品格」を利用した日本語の授業」『長崎外大論叢』12 号　pp.103-114.

冷麗敏（2011）「关于高等学校外语教育理念的研究与探索――以《高等院校日語専業基礎階段教育大綱》為対象」『日語学習与研究』第 2 号　pp.99-106

T 大学の外国語学科ホームページ
http://wyx.tstc.edu.cn/col/1400225656085/2014/05/21/1400658117762.html　（2014.12.26）

資料編

資料1.

中国唐山市における日系企業の求める日本語人材に関するアンケート調査表

◆本アンケートで収集した全てのデータは、研究の目的や研究活動（論文発表等）にのみ使用します。

◆アンケート内容は、個人、会社、品物などが特定される形では処理しません。個人（プライバシー）や会社などの情報に関するものは厳重に保護し、すべて仮名処理します。

以下の質問にお答えください。また、当てはまる選択肢の□に✓でチェックしてください。

1. 会社名＿＿＿＿＿＿＿＿＿＿＿＿＿＿

2. 貴社の従業員総数は何人ですか

□ 50 人未満　□ 50 人～ 199 人　□ 200 人～ 499 人　□ 500 人以上

3. 貴社の業種は何ですか。

□製造（自動車関係）□商業・貿易　□ホテル・宿泊　□出版・書籍

□製造（電気・機械）□金融、保険　□広告　□教育・学習支援業

□製造（金属）　　　□土木・建設　□飲食　　　　□駐在員事務所

□製造（繊維）　　□情報通信　　□旅行代理店　　□コンサルタント
□製造（化学）　　□航空・運輸　□不動産　　　　□団体
□製造（食品）　　□農業　　　　□医療・福祉　　□政府関係機関
□製造（その他）　□その他＿＿＿＿＿＿＿＿＿＿＿＿＿＿＿＿＿＿

4.　中国現地法人（または出張所・事務所）の日本人従業員は何人ですか。
　　（日本からの駐在員、現地採用者を問わず）
　　約（　　　）人

5.　中国現地法人（または出張所・事務所）において、日本語ができる中
　　国人従業員は約何人ですか。（　　　　）人
　　また、通訳・翻訳の業務担当者の専任・兼務の内訳はそれぞれ何人です
　　か。専任（　　　）人　他の業務を兼務（　　　）人
◆　兼務している業務はどのような内容ですか。（複数選択可）
□財務会計　　　□貿易通関　　　□営業・営業事務　　□人事・総務
□購買　　　　　□マーケティング　□開発・研究　　　　□製造・品証
□その他

6.　日本人従業員と中国人従業員とのコミュニケーションで使用する言語
は何ですか。
□主に中国語　　□中国語と日本語　□中国語、日本語、英語のすべて
□主に日本語　　□日本語と英語　　□その他＿＿＿＿＿＿＿＿＿＿＿＿
□主に英語　　　□中国語と英語

7.　中国人従業員に対して、どのような言語能力を求めますか。
□日本語のみ必要とする　　　　　□英語のみ必要とする
□日本語と英語両方必要とする　　□その他の言語＿＿＿＿＿＿＿＿＿＿

8. 上記7の□にチェックした言語能力の程度について、下記の選択肢の□に✓で　チェックしてください。
□日常会話程度　　　　　　　　　□ビジネスレベル
□ネイティブレベル　　　　　　　□特にこだわらない

9. 貴社で採用している日本語人材はどのような学歴が一番多いですか。
□高校卒　　　　□専門学校卒　　　　□大学卒　　　　□大学院卒

10. 貴社は日本語人材を採用する際に、応募者の専攻が募集している職種と合っているかどうかについて、どの程度重視していますか。
□非常に重視する　　　　　□やや重視する
□あまり重視しない　　　　□全く重視しない　　　　□どちらともいえない

11. 貴社は日本語人材を採用する際に、どのような点を重視していますか。
　（複数選択可）
□日本語1級（N1）合格　　　　　□有名校卒　　□大学での各科目の成績
□各種資格・免許を持っている（運転免許、会計資格、パソコン資格など）
□インターンシップ経験がある　　□専門性　　　□その他

12. 個人の素質に対する要求
貴社が求める個人の素質として重視するものを三つを選び、重視する順に（　）に順位（1、2、3）をご記入ください。
（　）責任感　　　（　）忍耐力　　　（　）勤勉さ　　　（　）積極性　　　（　）柔軟性
（　）従順性　　　（　）協調性　　　（　）探究心　　　（　）独創性　　　（　）向上心
（　）誠実さ　　　（　）実行力　　　（　）パソコンスキル（　）日本語能力
（　）英語能力
（　）会社が扱う製品やサービスの専門知識　　（　）その他＿＿＿＿＿＿＿＿＿＿

13.　貴社が新卒日本語学生に期待する能力について、下記の選択肢の□に✓でチェックしてください。（複数選択可）

□情報収集・分析力（読む・聞く）　　　　□文書作成力（書く）

□口頭表現力（話す）　　　　　　　　　　□情報伝達能力（通訳・翻訳）

□場面や雰囲気に応じた会話・コミュニケーション力

□社会人基礎力（経済産業省が提唱している「前に踏み出す力」、「考え抜く力」、「チームで働く力」の三つの能力）

□企業及び企業を取り巻く文化・社会理解力　□専門性、資格、スキル、資質など　　　　　　　　　　　　　　　　　□その他

14.　貴社は採用した日本語人材について満足していますか。

□非常に満足している　　　　　　　　□満足している

□あまり満足していない　　　　　　　□全く満足していない

◆　「あまり満足していない」又は「全く満足していない」を選んだ場合、どのような点について満足していないかを教えてください＿＿＿＿＿＿＿＿

＿＿＿＿＿＿＿＿＿＿＿＿＿＿＿＿＿＿＿＿＿＿＿＿＿＿＿＿＿＿＿＿＿＿

15.　貴社の採用した日本語人材の中で、どのような点が不足していますか。下記の選択肢の□に✓でチェックしてください。（複数選択可）

□日本語の理解力が足りない　　　　　　□敬語がうまく使えない

□チームワーク力が低い　　　　　　　　□「報・連・相」意識が薄い

□日本企業文化への理解が足りない　　　□ビジネスマナーが正しくない

□仕事上に使う日本語の文法が正しくない　□文書作成能力が足りない

□口頭表現力が足りない　　　　　　　　□社会人基礎力が足りない

□日本の歴史・文化・社会に対する理解が足りない

□その他

16. 被採用者に在学中にどのようなことを学んでおいてもらいたいです
か。（複数選択可）

□ビジネス日本語　　　　　　　□日本の文化・社会に関する一般教養知識
□日本の企業文化・商習慣　　　　□専門知識・技術
□ビジネスマナー　　　　　　　　□日本企業を含む業界知識
□インターンシップなどの擬似就業体験　□日本語以外の語学
□その他

17. 入社時の日本語に関する様々な能力について、それぞれどの程度必要
としていますか。①〜④のいずれかに✔でチェックしてください。

① 必要ない	② あまり重視しない	③ 重視するが必須ではない	④ 必須である

日本語に関する能力	①	②	③	④
日本語で日常会話ができる。				
日本語で業務上の一般的な会話（報告、連絡、相談など）ができる。				
日本語で通訳として業務ができる。				
日本語で電話対応ができる。				
日本語で適切な敬語が使える。				
日本語でEメールのやり取りができる。				
日本語で仕事に関する書類などが読める。				
日本語で仕事に関する書類などが書ける（パソコンで作成できる）。				
日本語で仕事に関する書類の翻訳ができる。				
日本語でプレゼンテーションができる。				
仕事に関する専門用語を日本語で知っている。				

18.　新規採用した日本語人材は、どのような素質を有する場合に、順調に速やかに仕事に慣れると思いますか。重視するものを三つ選び、重視する順に（　　）に順位（1、2、3）をご記入ください。

（　）インターンシップ経験がある

（　）中国の大学の学生幹部など経験者で管理能力を持っている

（　）ビジネス日本語のレベルが高い

（　）日系企業文化を理解している

（　）異文化コミュニケーション力が高い

（　）日本人の考え方を理解している

19.　アンケートの項目以外で求める能力や資質などがありましたらご記入ください。

20.　日本語の教育機関に望むことをご記入ください。（例えば、「もっとこのようなことを学生に教えてほしい」など）

ご協力ありがとうございました。

資料２．
ビジネスドラマを利用した「ビジネス日本語」授業に関するアンケート調査表

◆本アンケートで収集した全てのデータは、研究の目的や研究活動（論文発表等）にのみ使用します。
◆アンケート内容は、個人などが特定される形では処理しません。個人（プライバシー）などの情報に関するものは厳重に保護し、すべて仮名処理します。
　以下の質問にお答えください。また、当てはまる選択肢の□に✓でチェックしてください。

問１．あなたは大学何年生ですか。

問２．あなたの性別は何ですか。
　　　□男性　　　　□女性
問３．ビジネスドラマを利用して「ビジネス日本語」の授業をするという方法についてどう思いますか。
　　　□とてもよい　　□よい　　□どちらも言えない　　□よくない
問４．セリフ（台詞）を聞き取り、スクリプトの空欄を埋める練習について
　　　□全部できた　　　　　　□大体できた
　　　□あまりできなかった　　□全然できなかった
問５．セリフから空欄の答えを聞き取れなかった原因について（複数選択可）
　　　□会話スピードが速すぎる　□未習単語や文型だった
　　　□その発音に慣れていない　□その他（　　　　　　　　　　）

問6．今回の授業は、ビジネス日本語の学習に役立ったと思いますか。

□非常に役立った　　　　　　　□役立った

□どちらも言えない　　　　　　□全然役立たなかった

問7．役立ったと思う場合、どの点に役立ったと思いますか。

（複数選　択可）

□文型・表現の学習　　　□聴解の練習　　　□敬語の学習

□日本文化と企業文化を知ること　□日本人の考え方を理解すること

□学習意欲が高まること　　　□その他（　　　　　　　　　）

問8．ディスカションとグループ発表を通じて、どのような能力が訓練できたと思いますか。(複数選択可)

□資料収集能力　　　□チームワーク能力

□調整能力　　　　　□プレゼンテーション能力

問9．ビジネスドラマが好きですか。

□非常に好き　　□好き　　□どちらも言えない　　□好きではない

問10．ビジネスドラマを利用した「ビジネス日本語」の授業についての感想と意見をお願いします（中国語での記入も大丈夫です）。

以上

謝　辞

　本書は、國學院大學課程博士論文出版助成金の交付を受けたものです。この博士論文を作成するにあたり、多くの方々のご支援ご協力を賜りました。謹んで御礼申し上げます。

　諸星智直教授には言葉に尽くし切れない感謝の意を表したいと思います。思えば三年前、中国から来た私の突然の入学希望をお引き受けいただき、在学中には節目節目で適切なご指導と終始温かい激励をいただきました。本当にありがとうございました。先生にご指導いただいた数多くの時間は、私にとっての生涯の宝ものとなりました。この３年間を糧として、これからの研究生活においても、努力を重ねていきたいと思います。

　また、大変ご多忙の中、序文をご執筆くださいました明治大学の小野正弘先生にも心よりお礼を申し上げ、ご助言を生かして精進してまいる所存でございます。

　さらには、貴重な時間を割いてアンケート調査に協力していただいた中国唐山市の25社の日系企業及び唐山師範学院の日本語専攻の皆様に心から感謝の気持ちと御礼を申し上げたく、謝辞にかえさせていただきます。そして、入学から在学中の研究活動においてご支援いただいた唐山市人民政府日本事務所副所長、日常の議論を通じて多くの知識や示唆をいただいた研究室の皆様に感謝いたします。

　社会人での入学をご許可いただき、多大なるご支援をいただいた唐山師範学院及び江東電気株式会社の皆様にも大変お世話になりました。本当にありがとうございました。

　最後に、2014年7月30日に永眠した父にこの論文を捧げるとともに、今日に至るまでの学生生活を様々な面から支えていただいた母や姉に心から感謝の意を表します。

＜初出一覧＞

＊以下に記載のない章は、博士論文執筆時に書き下ろし。

＊どの章も必要に応じて、初出論文に加筆・修正を加えている。

第3章　中国に進出した日系企業の求める人材像に関する分析

「中国における日系企業の日本語人材需要について―唐山市日系企業調査を事例に」『國學院大學大学院紀要』第46輯　2015年3月

第5章　中国における日本語専攻の教育現状と問題点

「中国の大学日本語専攻におけるカリキュラムの現状について―T大学を事例に―」『國學院大學日本語教育研究』第7号　2016年3月

第7章　ビジネス場面のコミュニケーション学習におけるビジネスドラマの敬語分析

「ビジネス場面のコミュニケーション学習におけるビジネスドラマの敬語分析」『國學院大學日本語教育研究』第6号　2015年3月

第8章　日中ビジネスドラマにおける謝罪表現の対照研究

「日中ビジネスドラマにおける謝罪表現の対照研究」『國學院大學大学院紀要』第47輯　2017年3月

第10章　ビジネスドラマを用いた授業の効果

「ビジネスドラマを用いた授業の効果についての調査」『國學院大學大学院文学研究科論集』第44号　2017年3月

＜著者紹介＞

余　耀（ヨ　ヨウ）

　唐山師範学院（中国の大学）の日本語専任講師。1978（昭和53）年中国西安市生まれ。1997（平成9）年西北政法大学法律学部、2003（平成15年）大東文化大学大学院法学研究科博士前期法律専攻修了、2017（平成29）年國學院大學大学院文学研究科博士後期日本語教育修了。この間、国際交流センター・ワールド外語学院　中国語非常勤講師、青山国際教育学院　中国語非常勤講師、江東電気株式会社　経営企画部　通訳・翻訳、財務関係、中国市場営業企画業務などを歴任。

　河北省日本語コンテスト指導教師優秀賞受賞を受賞。通訳の実務経験として、2009年10月15日に開催された「曹妃甸国際フォーラム」で、日本の国会議員の通訳担当。2010年5月に訪中視察団の一員として訪中した経団連の常任理事の通訳を担当。

　著書や学術論文に、『新編日本語聴解2』（中国宇航出版社）、「大学日語教育如何体現以市場為導向」（『長春教育学院学報』第30巻　総第205期）、「中国における日系企業の日本語人材需要について─唐山市日系企業調査を事例に」（『國學院大學大学院紀要』第46輯）、「ビジネス場面のコミュニケーション学習におけるビジネスドラマの敬語分析」（『國學院大學日本語教育研究』第6号）、「外語教学中影像教材合理化運用与所渉知識産権維護」（『斉斉哈爾大学学報』第5期　総第219期）、「中国の大学日本語専攻におけるカリキュラムの現状について─Ｔ大学を事例に─」（『國學院大學日本語教育研究』第7号）、「ビジネスドラマを用いた授業の効果についての調査」（BALI-ICJLE 2016日本語教育国際研究大会）、「日中ビジネスドラマにおける謝罪表現の対照研究」（『國學院大學大学院紀要』第47輯）、「中華人民共和国消費者権益保護法」（共訳）『大阪市立大学法学雑誌』第61巻　第1・2号等

中国の日系企業のニーズとビジネス日本語教育

2017 年 8 月 15 日　初版発行

著　者　余　耀　ⓒ YU YAO
発行者　登坂　和雄
発行所　株式会社　郵研社
　　　　〒 106-0041　東京都港区麻布台 3-4-11
　　　　電話（03）3584-0878　FAX（03）3584-0797
　　　　ホームページ http://www.yukensha.co.jp
印　刷　モリモト印刷株式会社

ISBN978-4-907126-09-4　C3037
2017 Printed in Japan
乱丁・落丁本はお取り替えいたします。